Mir geht's gut

Nila Kohla

Mir geht's gut

Wege zum
positiven Denken

Danksagung

Die langjährige Freundschaft mit Margarita Kinkel hat sehr zu meiner positiven Lebensveränderung beigetragen. Ich nannte Margarita „meine Sonne", weil sie eine bewundernswerte und natürliche Art hatte, mit Menschen umzugehen. Ihre Reife und ihre positive Lebensanschauung haben sehr viel in mir bewegt. Wenn ich Probleme hatte, brauchte ich nur Margaritas strahlendes Gesicht zu sehen oder ihr liebes, sonniges Gemüt zu erleben, und sogleich fühlte ich mich besser.
Für all' die positiven Einflüsse danke ich ihr hiermit und bekenne, viel von ihr gelernt zu haben.

„Gesell Dich einem Bessern zu, daß mit ihm Deine bess'ren Kräfte ringen! Wer selbst nicht besser ist als Du, der kann Dich auch nicht weiterbringen."

Für meine Kinder Andres und Marcel.

Für die Überarbeitung meines Buches spreche ich meinem Bruder Mahesh Motiramani herzlichen Dank aus. Ohne seine Mitwirkung und Unterstützung wäre dieses Buch nicht entstanden.

„Wer die Welt verändern will, kann gleich bei sich selbst anfangen!"

Unser Beitrag zum Umweltschutz:
Papier aus chlorfrei gebleichtem Zellstoff

ISBN 3 8068 1167 9

© 1991/1994 by Falken-Verlag GmbH, 65527 Niedernhausen/Ts.
Titelbild: IFA Bilderteam (G. Graf)
Zeichnungen: Klaus Meint, Neuwied
Satz: Publishing 2000, Angela Fromm, Idstein
Druck: Konkordia Druck GmbH, Bühl/Baden

817 2635

Inhaltsverzeichnis

Was dieses Buch für Sie tun kann

„Es ist nicht das Leben, das den Menschen groß macht, es ist der Mensch, der sein Leben zur Entfaltung bringt."

„Sterben zu müssen ist ein bitterer Gedanke, aber sterben zu müssen, ohne wirklich gelebt zu haben, ist ein Gedanke, der unerträglich ist."

„Eure Zukunft ist nicht dies oder das, ist nicht Geld oder Macht, ist nicht Weisheit oder Gewerbeglück. Eure Zukunft und Euer schwerer und gefährlicher Weg ist dieser: reif zu werden."

Diese und ähnliche Weisheiten und Zitate las ich in vielen Büchern, als ich mich bemühte, meinem Leben einen Sinn zu geben. Lange habe ich darüber nachgedacht. Ich wollte schon immer mein Leben ändern, aber ich wußte nicht, wie.
Ich wollte aufhören zu rauchen, zu trinken, ich wollte abnehmen und selbstbewußter werden. Ich wollte viele kleine und große Ziele erreichen, aber bis zu meinem 37. Lebensjahr hatte ich den richtigen Weg dorthin nicht gefunden. So geschah nichts. Unzufrieden, verzweifelt, schwach, einsam und depressiv, fühlte ich mich als Versagerin. Als ich erkannte, daß auch meine Ehe gescheitert war, stieg das Gefühl der Wertlosigkeit in mir auf.
Vom Leben und von mir selbst enttäuscht, wandte ich mich an Freunde und Bekannte, in der Hoffnung, daß sie mir helfen würden. Niemand jedoch konnte das, so daß meine Einsamkeit und Enttäuschung wuchsen. Am tiefsten Punkt meines Lebens angelangt, begann ich Selbsthilfebücher zu lesen, unter anderem auch das Buch von Josef Kirschner, „Hilf Dir selbst, sonst hilft Dir keiner", in dem ich folgendes las:
„Je mehr Glück und Freiheit Sie erlangen wollen, um so mehr müssen Sie auch dafür etwas tun. Techniken der Selbsterziehung sind erlernbar, aber Sie erlernen sich nicht von selbst. Wer das Leben täglich zu seiner

Zufriedenheit bewältigen will, der muß in Form sein. Er muß täglich die Kunst trainieren, glücklich zu leben."[1]

Über Kirschner gelangte ich zu anderen Selbsthilfebüchern. Darin las ich auch, wie man seine Ziele durch positives Denken erreichen kann. Je mehr ich las, desto mehr dachte ich über mein Leben nach und erkannte allmählich, warum es so negativ verlaufen war. Ich hatte eine unglückliche Jugend gehabt, die Schule verließ ich kurz vor dem Abitur, mir fehlte eine Berufsausbildung, es gab Schwierigkeiten in zwischenmenschlichen Beziehungen und in meiner Ehe, außerdem noch Probleme bei der Kindererziehung. Viele meiner Vorhaben hatte ich nicht ausgeführt, und nur selten erlebte ich einen Erfolg. Ich war voller Minderwertigkeitskomplexe, ängstlich, unsicher und unglücklich.

Da das positive Denken so viel Schönes versprach, sich aber die Geisteshaltung nicht von heute auf morgen vom Negativen ins Positive wenden läßt, beschloß ich, mich selbst dahin zu erziehen, und begann, mein Leben zu ändern. Seit Pfingsten 1985 arbeite ich mit Fleiß an mir selbst. Mit Unterstützung der Selbthilfebücher brachte ich es so weit, daß ich mich weitgehend vom negativen Denken befreite. Ich baute ein stabiles Selbstbewußtsein auf, setzte mir gewisse Ziele, machte mir Arbeitspläne und ging konsequent auf meinem neuen Lebensweg voran.

Folgende Erfolge habe ich durch gezieltes positives Denken erreicht:
– Ich rauche nicht mehr.
– Ich trinke sehr wenig Alkohol.
– Ich habe mein Idealgewicht erreicht und beibehalten.
– Meine Ehe ist wieder intakt.
– Ich habe ein harmonisches Verhältnis zu meinen Kindern, zu Mitmenschen und zur Umwelt.

– Mein seelisches Gleichgewicht ist hergestellt, mein Selbstwertgefühl ist gestiegen.
– Ich habe mir in kurzer Zeit theoretisches und praktisches Wissen auf dem Gebiet des positiven Denkens angeeignet, so daß ich imstande bin, andere darüber zu belehren, zu überzeugen, ja sogar dieses Buch zu schreiben. Seit Frühjahr 1987 halte ich außerdem Kurse zu diesem Thema und helfe damit anderen bei ihrer Entwicklung.

Anfangs hatte ich mir vorgenommen, dieses Buch nur für meine Kinder zu schreiben. Meine Absicht war es, die wichtigsten Passagen aus den Selbsthilfebüchern und Ratgebern zusammen mit eigenen Erfahrungen in einem Büchlein zu vereinen und es später meinen Kindern zu schenken. Gleichzeitig sollte es mir als Lehrbuch für meinen Kurs dienen. Allmählich aber stellte ich fest, daß es viele unzufriedene, ängstliche Menschen gab, die vergeblich nach Glück suchten. Jeder Versuch, diesen Personen die Selbsthilfebücher nahezubringen, schlug fehl. Entweder es fehlte ihnen der Glaube daran, daß man sich mit Hilfe von Ratgebern ändern kann, oder sie hatten Angst, sich mit den komplizierten Zusammenhängen auseinanderzusetzen. So entschloß ich mich, dieses Buch in ganz einfachen Worten für alle Betroffenen zu schreiben. Dabei bin ich weder eine Psychologin noch eine studierte Fachkraft, sondern eine Hausfrau und Mutter, die mit positivem Denken ihr Leben verändert hat. Wenn auch Sie Ihrem Leben eine neue Wende geben möchten, wenn Sie zu mehr Zufriedenheit, Glück, Gesundheit und Erfolg gelangen wollen, dann kann Ihnen mein Buch helfen.

Auf den folgenden Seiten möchte ich Ihnen zeigen, wie Sie sich selbst durch positives Denken verändern können.

---

[1] Kirschner, Josef: Hilf dir selbst, sonst hilft dir keiner. Droemer Verlag, München. Seite 17

„Das Streben nach Vervollkommnung ist nicht ein Gebot der Vernunft, sondern eine

dem Menschen angeborene Eigenschaft. Jeder Mensch strebt jederzeit bewußt oder unbewußt danach."

(Leo N. Tolstoi)

Vielleicht gehören Sie wie ich zu den Menschen, die viel Negatives in ihrem Leben erfahren haben. Leid ist aber oft ein Anlaß, über das Leben und die eigene Person nachzudenken. Viele nutzen diesen Moment, sich zu besinnen und zu ändern. Dies ist normal, denn das Streben nach Vollkommenheit ist jedem Menschen angeboren und kann zu jeder Zeit aktiviert werden. Der Mensch möchte sich entwickeln. Aber oft ist er hilflos, weil er nicht weiß, wie dies geschehen soll. Wir alle fühlen uns oft hilflos, ratlos, mutlos, verängstigt und haben keine Ahnung, wie wir den Weg zu einem glücklicheren Leben finden können. Was sollen wir tun? Wo sollen wir suchen? Bis zu meinem 37. Lebensjahr habe ich auch ratlos vor diesen Fragen gestanden. Ich war zwar gewillt, mein Leben zu verändern und mich zu entwickeln, aber wie? „Wer sucht, der findet", lautet ein Sprichwort, und auch ich habe den richtigen Weg gefunden – und zwar mit Hilfe einer Reihe von Büchern, die mir bei meiner Entwicklung sehr geholfen haben. Der Wert guter Bücher besteht in den Kenntnissen und Erkenntnissen anderer, die uns darin ihre Erfahrungen vermitteln. An uns liegt es allerdings, ob wir sie nutzen oder nicht. Weisheiten und Sprichwörter helfen ganz besonders dabei. Sie werden in diesem Buch Bekanntschaft mit vielen solcher Texte, auch aus anderen Selbsthilfebüchern, machen, denn ich zitiere häufig Passagen und erkläre ihre Bedeutung für den Alltag. Auf der letzten Seite finden Sie die Liste der verwendeten Bücher.
Ich möchte Sie bitten, die einzelnen Zitate nicht zu überfliegen, sondern sie genau zu lesen und darüber nachzudenken. Erst dadurch werden Sie auf Ihre Fehler aufmerksam. Denn bereits diese Sprüche lassen Sie gegebenenfalls erkennen, was in Ihrem Leben falsch gelaufen ist. Für mich spielen die Zitate auch heute noch eine sehr wichtige Rolle. Ich denke jeden Tag mehmals an die Sätze, die ich meist auswendig kann. Es gibt am Tag oft Momente, in denen uns negative Gedanken lenken. Dann hilft oft schon eine positive Weisheit, um die Mißstimmung zu vertreiben.

Auch Sie können also anfangen, mit diesen Weisheiten Ordnung in Ihren Geist und somit in Ihr Leben zu bringen, wenn Sie nur wollen. Denn das Leben paßt sich nicht dem Menschen an, sondern der Mensch muß sich dem Leben anpassen, wenn er glücklich mit ihm in Einklang leben will.
Am Ende dieses Buches beschreibe ich eine Technik, mit der Sie lernen können, positive Gedanken aufzubauen und negative zu vertreiben, um somit den Pfad zu gestalten, der zu Ihrer positiven Entwicklung führt. Sie werden sehen, was diese Gedanken auszurichten vermögen. Sie werden sich wohler und glücklicher fühlen. In Ihr Leben wird beispielsweise Ordnung einkehren, sofern Sie an den positiven Gedanken festhalten.
Kommen Augenblicke des Zweifels in Ihre Gedanken – Ich schaffe es nicht, meine Ziele zu erreichen; ich sollte mein Vorhaben aufgeben, oder ähnliche Sätze, dann sollten Sie gleich den richtigen positiven Gedanken als Gegenmittel einsetzen und den Zweifel vertreiben. Beispielsweise können Sie sich sagen: Nur Geduld, ich schaffe es! Denn nur der hat Erfolg im Leben und Treiben der Welt, wer Ruhe, Humor und die Nerven behält.
Nebenbei bemerkt: Die Weisheiten und Sprüche im Buch stammen natürlich nicht von mir. Ich haben Sie gelesen, auswendig gelernt und oft nach ihnen gehandelt. Leider ist es mir aber nur teilweise möglich, die Namen derer zu nennen, die diese Weisheiten geschrieben haben. Die Weisheiten und Sprichwörter werden daher zum Teil ohne Quellenangabe zitiert.

Der erste Schritt: Prüfen Sie Ihre Gedanken

Um unser Leben neu zu gestalten, müssen wir einen ersten wichtigen Schritt tun. Wir müssen lernen, auf die richtige Weise zu denken. Denn durch das Denken steuern wir unser ganzes Leben.

„Unsere Gedanken bestimmen unser Schicksal."

(William James)

Wir Menschen sind mit einer geistigen Kraft ausgestattet, die kein anderes Lebewesen auf der Erde hat. Diese Kraft produziert Gedanken – ein Prozeß, der im Gehirn stattfindet. Negatives Denken (Angst, Ärger, Haß, Neid usw.) kann uns Unglück bringen, d.h. Unglück anziehen. Positives Denken hingegen (Liebe, Toleranz, Verständnis, Sanftmut, Friedlichkeit usw.) bescheren uns meist Glück, Freude und Harmonie.

„Unser Leben besteht nicht in der Hauptsache aus Tatsachen und Geschehnissen. Es besteht im wesentlichen aus dem Strom der Gedanken, die jedem durch den Kopf gehen."

(Mark Twain)

Nun haben wir die Möglichkeit, den Strom der Gedanken, der uns von morgens bis abends begleitet, in zwei Richtungen zu lenken: in die positive (konstruktive) oder in die negative (destruktive).
Positiv zu denken heißt, Gedanken zu pflegen wie Liebe, Toleranz, Vertrauen, Optimismus, innere Ruhe, Sanftmut, Verständnis, Mut, Humor, Begeisterung. Die dadurch erzeugten Gefühle führen letztlich meist zu Erfolg, Freude, Wohlstand, Gesundheit und Glück.
Negativ zu denken heißt, Gedanken zu pflegen, deren Inhalte aus Ärger, Zorn, Haß, Neid, Gier, Angst, Verurteilen, Unruhe, Kritik, Mißtrauen oder Zweifel bestehen. Die dadurch erzeugten Gefühle führen uns meist nur zu Mißerfolg, Unglück, Krank-

heit, Armut und Leid sowie zur Zerstörung des Selbst.

Diese Tatsachen haben folgende Ursache: Jeder Gedanke erzeugt unsichtbare Wellen, und diese Wellen strahlen in alle Richtungen aus. Unsere Fähigkeit zu denken, unsere Denkkraft als solche ist weder positiv noch negativ, sie ist einfach vorhanden, und es liegt an uns selbst, ob wir sie auf diese oder jene Weise verwenden. Wir können uns um positive Gedanken bemühen und damit zu unserer Gesundheit und unserem Erfolg beitragen; wenn wir aber vorwiegend negative Gedanken pflegen, unterstützen wir die destruktiven Elemente unseres Lebens.

Vereinfacht ausgedrückt lautet dieses „universelle Gesetz": Negative Gedanken ziehen Negatives an, positive Gedanken Positives.

Dazu einige Worte von erfahrenen Menschen:

„Jeder Gedanke ist Energie, und mit positiven Gedanken setze ich helfende Energie frei, während negative Gedanken schädliche Energieformen sind, mit denen wir nach dem Gesetz von Ursache und Wirkung früher oder später wieder in Berührung kommen. Eine positive oder negative Grundhaltung ist wie ein Magnetfeld, das Positives oder Negatives anzieht. Sie ist die Brille, die uns die Dinge optimistisch oder pessimistisch sehen läßt. So ist das zur Hälfte gefüllte Glas Wein für den Optimisten halbvoll und Anlaß zur Freude, für den Pessimisten halbleer und Anlaß zur Traurigkeit ..."[2]

„Denken Sie immer daran: konstruktives Denken hat die größte Macht des Universums hinter sich: die Macht der Wahrheit. Vereinfacht ausgedrückt ist alles, was wir Menschen wollen, Glück – und genau das ist erlernbar. Glück haben ist das Ergebnis von glückbringenden Gedanken. Und was

Sie denken, das liegt allein in Ihrer Entscheidung."[3]

Ich möchte Ihnen nun erklären, wie Sie Ihre Gedanken ordnen können. Die Natur arbeitet nach einem von der Schöpfung gegebenen Plan. Nur wir Menschen als geistige Wesen haben es in der Hand, unser Leben durch das Denken selbst zu gestalten. Da nach dem geistigen Gesetz positive Gedanken uns Erfolg, Glück und Harmonie bringen und negative Gedanken das Gegenteil, müssen wir vor allem eins tun: uns von negativem Denken befreien und allein positive Gedanken zulassen. Pflegen wir positive Gedanken, so lösen sich die negativen auf, und unser Leben wird sich positiv gestalten.

Ändern wir uns nicht und bleiben weiterhin dem negativen Denken verhaftet, so zerstören wir uns selbst. Haben wir helle, freundliche, optimistische Gedanken, dann sind wir entspannt und ausgeruht. Unsere Abwehrkräfte werden gestärkt. Sind wir von Pessimismus, Neid, Habgier oder Eifersucht geplagt, leidet unser Nervensystem. Auf diese Weise finden Krankheiten wie Magengeschwüre, Herzleiden, Verdauungsstörungen, Leib- und Kopfschmerzen sowie andere Erkrankungen einen günstigen Nährboden und können sich „ungehindert ausbreiten."

„Mit der Kraft unseres Geistes können wir jede Krankheit besiegen. Mit einer negativen Einstellung aber, mit Egoismus, Neid, Zorn, können wir auf die Dauer niemals gesund bleiben. Vor allem die Lebensangst läßt viele Menschen krank werden und vorzeitig altern. Eine positive Einstellung, innere Ruhe und eine heitere Gelassenheit gegenüber den unabänderlichen Wechselwirkungen des Lebens fördern und erhalten die Gesundheit und Spannkraft."[4]

---

[2] Wallimann, Silvia: Lichtpunkt. Bauer Verlag, Freiburg. Seite 59

[3] Freitag, Erhard: Hilfe aus dem Unbewußten. Goldmann Verlag, München. Seite 38

[4] Tepperwein, Kurt: Geistheilung durch sich selbst. Goldmann Verlag, München.

Aber nicht nur Gesundheit, sondern auch Wohlstand und viele andere positive Dinge werden durch positives Denken angezogen:

„Wissen Sie, der alte Spruch, daß die Reichen immer reicher und die Armen immer ärmer werden, ist leider wahr. Den Menschen, die im Bewußtsein von Überfluß und Fülle leben, fließt aufgrund des kosmischen Gesetzes der Anziehung Reichtum zu.

Wer aber Armut, Entbehrung und Mangel erfährt, lebt im Bewußtsein von Armut und zieht folglich geistig und gefühlsmäßig noch mehr Mangel, Armut und Entbehrung an. Das stimmt zweifellos. Viele Menschen, die in ärmlichen Verhältnissen leben, beneiden ihre Nachbarn um deren Reichtum und grollen ihnen deswegen; eine solche Geisteshaltung führt zu noch größerer Knappheit, Beengung und Armut. Diese Menschen blockieren – meist unwissentlich – das Gute in sich.

Dabei könnten auch sie reich sein und ihr Vermögen mit anderen teilen, wenn sie sich geistig für die große Seinswahrheit öffneten und begriffen, daß sie den Schlüssel zu der Schatzkammer in ihrem Innern besitzen. …"[5]

„Jeder Samen bringt eine Frucht hervor, die seiner eigenen Art entspricht. Aus einem Apfelsamen kann nur ein Apfelbaum mit neuen Äpfeln entstehen. Das universelle Gesetz sagt: ‚Alles wächst nach seiner Art.‘ Jede Pflanze, jedes Tier, jeder Mensch kann nur etwas hervorbringen, was seiner individuellen Art entspringt. Gleiches zieht Gleiches an.

… Etwas beachten, an etwas denken heißt die schöpferischen Möglichkeiten der Gedanken einsetzen. An Gesundheit denken heißt Gesundheit schaffen. An das Gute denken heißt, es in sich zu vergrößern. Was immer Sie denken wird Wirklichkeit, der Ursprung alles Geschaffenen ist der Gedanke."[6]

Sie haben nun gelesen, welch große Bedeutung unsere Gedanken haben; sie beeinflussen, sie steuern unser Leben. Was Sie heute sind, ist das Ergebnis Ihrer Gedanken in der Vergangenheit. Sie haben Ihr Leben – bewußt oder unbewußt – selbst gesteuert. Denn jeder Gedanke hat das Bestreben, sich zu verwirklichen. Zuerst wird ein Gedanke geboren, dann die Tat.

Viele von uns haben nicht gelernt, selbständig zu denken, geschweige denn positiv zu leben. Wir lassen oft andere für uns entscheiden und unsere Probleme lösen. Wenn wir uns aber immer wieder Ratschläge von anderen holen, bleiben wir seelisch unreife Menschen, die unfähig sind, ihr Leben nach eigenen Wünschen zu gestalten. Wir werden dann total abhängig von dem, was andere sagen. Leicht könnten wir es dann für unnötig halten, uns selbst zum Besseren zu entwickeln, weil dies mit Anstrengung verbunden ist; aber auf diese Weise verhalten wir uns wie Kinder, die ständig Ausschau halten nach Sensationen, Aufregung und Abenteuer, um der vermeintlichen Eintönigkeit und Leere des eigenen Ichs oder der vermeintlichen Sinnlosigkeit des Lebens zu entfliehen.

Ist es nicht faszinierend zu verstehen, auf welch wunderbare Weise diese Welt funktioniert? Uns ist die Möglichkeit gegeben, selbständig zu denken. Wir sind dabei in der Lage, beide Richtungen zu wählen, die positive oder die negative. Nur: ein negativer Gedanke, den wir aussenden, prallt gegen eine „Mauer" und trifft immer uns selbst. Er ist wie ein Bumerang, der zum Ursprung zurückkehrt. Sie können zwar einen negativen Gedanken haben und ihn in Wort und Tat ausführen, die Folgen dieses Denkens und Handelns tragen aber immer Sie selbst.

[5] Murphy, Joseph: Die unendliche Quelle Ihrer Kraft. Ariston Verlag München. Seite 57

[6] Freitag, Erhard: Hilfe aus dem Unbewußten. Goldmann Verlag, München. Seite 38

Wenn Sie enttäuscht, krank, unglücklich, vom Pech verfolgt, arm griesgrämig oder depressiv sind, dann denken Sie auch einmal über Ihre eigenen Gedanken nach; ist Ihre Lage nicht letzten Endes mit selbstverschuldet? Prüfen Sie Ihre Gedanken, denn diese bestimmen Ihr Schicksal.

„Gott ist ein verzehrendes Feuer, das alles, was seiner nicht gemäß ist, auflöst. Wenn Gott also das Gute in mir ist, brauche ich doch nur dem Guten nachzugeben, es zu stärken, positive und konstruktive Gedanken zu haben, um damit ganz allein die Opposition, nämlich das Böse, das Negative in mir aufzulösen …"[7]

Ich selbst habe mir durch mein negatives Verhalten Schaden zugefügt. Mehrere Jahre lang führte ich eine Ehe, in der Disharmonie und Unfriede herrschte. Ich konnte meinen Mann nie so akzeptieren, wie er war, sondern kritisierte ihn ständig. Als Folge davon erwartete mich eine schwere Krise. Ich trennte mich für vier Jahre von meinem Mann. Heute lebe ich – dank meiner Gedankenumstellung – mit dem selben Mann glücklich zusammen.

Die Faszination, die vom positiven Denken ausgeht, ist für mich überwältigend. Unsere Gedanken entscheiden über Glück und Unglück. Nur wissen das die meisten von uns nicht. Die Gedanken sind das Werkzeug für unseren Erfolg oder Mißerfolg, und ich habe nichts anderes getan, als dies zu begreifen und danach zu handeln. Das hat mich zu meinem Glück geführt. Das positive Denken ist der Schlüssel für ein gesundes, glückliches und erfolgreiches Leben. Daß wir die Welt als einen unglücklichen Ort bezeichnen, ist auf die Unkenntnis der Macht des Denkens zurückzuführen. Wollen wir Glück im Leben finden, so müssen wir lernen, unsere Gedanken zu ordnen, uns von altem negativen Routine- und Schablonendenken zu be-

freien und positive Gedanken zu schöpfen. Jeder von uns wünscht sich Glück, Gesundheit, Sicherheit, Seelenfrieden und echte Selbstverwirklichung. Aber die meisten Menschen sagen: „So einfach kann es nicht sein: Das wäre ja zu schön." Das habe ich früher auch gesagt. Heute weiß ich, daß es in unserer Hand liegt, glücklich oder unglücklich zu werden. Die Macht, unser Leben zum Guten hin zu verändern, ist jedem gegeben, und davon soll in diesem Buch die Rede sein.

Haben Sie den Entschluß gefaßt, Ihr Leben zu verändern, dann können wir gleich mit dem Lernen beginnen. Ich werde Ihnen genau darlegen, wie ich vorging, damit Sie meinem Beispiel folgen können.

Der erste Schritt, der dazu notwendig ist: Sie müssen Ihr Leben selbst in die Hand nehmen. Sie sollten sich vornehmen, allein zu denken, Ihr Leben selbst zu gestalten, denn das tut kein anderer für Sie.

Lassen Sie sich nicht von Fernsehen, Radio, Zeitung negativ beeinflussen, und hören Sie nicht auf andere, wenn diese Sie vom Weg des positiven Denkens abbringen wollen. Versuchen Sie Ihr eigenes Leben aufzubauen, nach eigenen Entschlüssen zu handeln. Erziehen Sie sich selbst. Tun Sie es nicht, werden Sie zum Spielball anderer Menschen.

Der zweite Schritt besteht darin, die Grundsätze des positiven Denkens zu erlernen, die uns zu einem besseren Leben verhelfen sollen.

„Was für die Bäume Wurzeln sind, sind für die Menschen Grundsätze. Bäume ohne Wurzeln stürzen um, wenn heftige Winde über sie hinwegwehen. Menschen ohne Grundsätze halten den Stürmen des Lebens nicht stand."

Niemand kann ohne Grundsätze existieren, sie ordnen und regeln unser Leben. Wenn Sie Auto fahren, müssen Sie die Verkehrsregeln beachten. Ein Kartenspiel macht kei-

---

[7] Freitag, Erhard: Hilfe aus dem Unbewußten. Goldmann Verlag, München. Seite 66

nen Spaß, wenn Sie die Spielanleitung nicht beherrschen. Ohne Regeln gibt es weder Tennis noch Fußball. In der Schule, auf der Straße, im Zug, wo Sie auch hingehen, gibt es Regeln, die Sie beachten müssen, damit Ordnung herrscht. Genauso ist es mit der Lebensführung. Wir können nicht lernen, richtig zu leben, ohne gewisse Grundsätze zu beachten und nach ihnen zu handeln.

Die Unkenntnis dieser Grundsätze ist die Ursache dafür, daß so viele Menschen unglücklich sind. Sie nehmen das Leben schwer, obwohl es in Wirklichkeit ganz leicht zu meistern ist.

Das Erlernen der Grundsätze des positiven Denkens dagegen

– befreit uns vom negativen Denken,
– hält unser Unterbewußtsein auf dem richtigen Kurs,
– zieht andere Menschen an,
– schafft Ordnung in unserem Leben,
– führt uns zu Freude, Wohlstand, Gesundheit und Glück.

Auf den folgenden Seiten gebe ich Ihnen Beispiele, Erfahrungen, Hinweise und Ratschläge, wie Sie die Grundsätze erlernen können.

Wenn Sie sich damit vertraut machen, versetzen Sie sich in die Lage, Ihr Leben zu meistern und positive Dinge wie Glück, Erfolg, Freude, Gesundheit und alles, was Sie sich wünschen, anzuziehen.

Setzen Sie sich nicht herab

„ Willst bei den Menschen Du was gelten,
Gib Dich nicht zum kleinen Preis,
Denn die Welt läßt den nur gelten,
Der sich selbst zu schätzen weiß. "

Sie sind einmalig! Es gibt keinen anderen Menschen, der so ist und so aussieht wie Sie!

„Du hast nur dich, und wenn es dir auch nicht viel erscheinen mag, so bist du doch das einzige, was wirklich dir gehört. Mehr hast du nicht, und darum bist du alles, was du hast. Und das ist sehr viel."[8]

Die meisten Menschen halten andere für wertvoller und besser als sich selbst. Wir achten und bewundern andere, aber unsere eigene Persönlichkeit setzen wir oft herab, wenn wir nicht gelernt haben, uns anzunehmen, und unsere Fähigkeiten unterschätzen. Wir vertrauen dann zu wenig darauf, daß wir im Leben etwas erreichen könnten.

Die meisten Menschen wissen gar nicht genau, wo ihre Grenzen liegen. Sie meinen es zu wissen, aber es ist kein Wissen, sondern ein Glaube voller Irrtümer. Gerade diese falsche Einschätzung unserer Fähigkeiten behindert unseren Erfolg im Leben.

Zum Beispiel glaubte man jahrelang, es sei unmöglich, eine Meile in weniger als vier Minuten zu laufen. Irgendwann aber unterschritt einer diese Grenze mit der Folge, daß zehn andere es ihm nachmachten.

Ebenso unterschätzen viele Menschen ihre Fähigkeiten, weil sie nicht ahnen, wie leistungsfähig sie sein können, wenn sie nur wollen. Wir kennen uns selbst meist nicht gut genug.

William James behauptet, daß der Durchschnittsmensch nicht mehr als 10 Prozent der in ihm schlummernden Geisteskraft entwickelt. Im Vergleich zu dem, was wir sein sollten, sind wir also nur zu einem kleinen Teil wach. Allgemein gesprochen lebt das menschliche Individuum auf diese Art in

---

[8] Körner, Heinz: Johannes: Lucy Körner Verlag, Fellbach. Seite 100

einem engen selbstgesteckten Rahmen, ohne je an seine Grenzen zu stoßen oder diese zu erkunden. Es besitzt Kräfte verschiedenster Art, von denen es gewöhnlich nie Gebrauch macht

„Jeder Mensch erlebt in seinem Bildungsgang eine Zeit, in der er zu der Überzeugung kommt, daß Neid Unwissenheit bedeutet, daß Nachäffen Selbstmord ist, daß er sich selbst so hinnehmen muß, wie er eben ist, gehe es, wie es wolle, daß, wenngleich die Welt voll des Guten ist, kein Kernlein nährenden Korns ihm zufallen wird, ohne daß er das Fleckchen Erde, das ihm zugeteilt wurde, in mühevoller Arbeit bestellt. Die Macht, die ihm innewohnt, ist etwas Neues in der Natur; niemand anders als er weiß, was er zu tun imstande ist, und auch er weiß es nicht, bevor er es nicht versucht hat. "

(Ralph Waldo Emerson)

Oft behaupten wir, zu dumm oder zu alt zu sein, um etwas Beachtliches zu tun oder zu leisten. Andere halten wir für fähiger als uns selbst. Einige fangen mit Eifer vieles an und erreichen trotzdem nichts, weil sie zu schnell aufgeben. Andere wiederum haben längst resigniert, weil sie nicht die richtige Einstellung zu den Dingen finden; für sie ist alles langweilig. Dabei könnten wir alle kreativ tätig sein. Jeder von uns hat die Möglichkeit, die eigenen Fähigkeiten zu entdecken und zu entfalten, wenn er sich nur bemüht herauszufinden, was er will. Millionen von Hausfrauen zum Beispiel halten ihre Arbeit für niedriger als die der Männer. Das habe ich früher auch getan. Ich galt in meinen Augen weniger als mein Mann. Inzwischen habe ich das Gesetz der Polarität kennengelernt und möchte es Ihnen erklären: Mann und Frau haben grundsätzlich den gleichen Wert, und keiner ist die bessere oder schlechtere Hälfte.
Den Unterschied zwischen Mann und Frau haben die Chinesen zu einem philosophi-

schen System und zu einer Weltanschauung verarbeitet. Danach durchzieht die Polarität zwischen männlich und weiblich alle Ebenen der Schöpfung. Alle Erscheinungen lassen sich demnach entweder dem männlichen Prinzip (Yang) oder dem weiblichen Prinzip (Yin) zuordnen. Zum Beispiel gehören zum Männlichen (Yang):
– Bewußtsein
– Himmel
– Sonne
– Kopf
– Verstand
– Außen

Dagegen sind
– Unterbewußtsein
– Erde
– Mond
– Herz
– Gefühl
– Innen
dem Weiblichen (Yin) zugeordnet

Das mütterliche Yin- und das väterliche Yang-Element ergänzen einander und sind gleichwertig, ebenso wie Männer und Frauen es sind. Dabei bildet das männliche Element stets die Hülle, den Schutz, das weibliche dagegen den Kern. Beiden Elementen kommen bestimmte Funktionen zu; sie müssen um des Überlebens willen harmonieren.
„Grundsätzlich hat alles eine innere und eine äußere Seite. Dies mag allzu offensichtlich scheinen, um besonders erwähnt zu werden. Wie wir sehen werden, ist diese Tatsache jedoch von großer Bedeutung. Im Atom bilden beispielsweise schnell rotierende Elektronen eine Art Schutzhülle um die Neutronen, die den stilliegenden Kern bilden. Auch bei Amöben und einzelligen Wesen ist ein innerer Kern von einer äußeren Schutzhülle umgeben. Bei einer wandernden Gruppe von Mantelpavianen werden die Weibchen und Jungen von starken

17

Männchen umgeben, um sie vor Raubtieren zu schützen. Der menschliche Körper wird durch die Haut geschützt, die übrigens das größte Organ ist. Wir leben außerdem in Häusern, die uns vor Wind, Wetter und Eindringlingen beschützen. In alten Städten sind die Häuser wiederum von Mauern umgeben, und das Land als ganzes ist von einer bewachten Grenze umgeben." [9]

Wie Sie sehen, können wir überall Inneres von Äußerem, Yang und Yin unterscheiden. Leider ist aber das Gleichgewicht zwischen Mann und Frau in verschiedenen Gesellschaften nicht intakt. Meistens bekommt das männliche Prinzip Übergewicht, wodurch das weibliche an Wert verliert.

Lange Zeit spielte die Frau eine untergeordnete Rolle. Erst im letzten Jahrhundert kam die Frauenbewegung auf und kämpfte für eine Aufwertung der Frau. Gleichberechtigung lautet das Ziel der Frauenemanzipation. Haben wir es erreicht? Zum Teil ja, zum Teil nein. Das Gleichgewicht zwischen Mann und Frau wird nicht wieder hergestellt, solange die Frauen ihre weiblichen Eigenschaften, Gefühle und Talente unterdrücken oder verleugnen. Damit wird das männliche Prinzip eher gestärkt als geschwächt. Ein Gleichgewicht zwischen Mann und Frau läßt sich auf die Art nicht finden. Daß die Beziehungen der Geschlechter gestört sind, läßt sich unter anderem anhand der Scheidungsquoten in der westlichen Welt ablesen. Im Orient ist das Gleichgewicht ebenfalls gestört. Die Frauen werden wie minderwertige Wesen behandelt. In meiner Heimat Indien hingegen ist die Balance zwischen Mann und Frau zum Teil intakt geblieben. Frauen betrachten ihre Arbeit als selbstverständlich.

Das Erkennen dieser Tatsachen veränderte meine Einstellung zu den Pflichten, die ich als Ehefrau und Mutter hatte. Meine Arbeit schien mir früher lästig und langweilig. Heute finde ich sie abwechslungsreich und interessant. Außerdem läßt sie mir genügend Zeit zur Selbstverwirklichung, denn Haushalt, Kindererziehung, Heim und Gartenarbeit sind Tätigkeiten, die Geschick, Geschmack, Kreativität und vor allem Reife verlangen.

Setzen Sie sich ebenfalls nicht selbst herab, denn auch in Ihnen schlummern Wünsche und Talente. Ich helfe Ihnen, Ihr Selbstwertgefühl zu entdecken, indem ich Ihnen die richtige Methode dazu vermittle.

Ratschläge:

■ Schreiben Sie Ihre persönlichen positiven Seiten auf.

Wir alle wissen, daß jeder von uns positive wie auch negative Seiten hat. Die meisten allerdings sehen nur ihre negativen Eigenschaften und halten daher auch nicht viel von sich selbst. Um sich von dieser Einstellung zu befreien, müssen wir uns den positiven Merkmalen unserer Person zuwenden, indem wir diese Punkt für Punkt aufschreiben.

Das ist eine gute Methode, denn Gedanken sind schnell und flüchtig, das Aussprechen eines Gedankens dauert bereits länger, aber auch Worte sind nicht von Dauer, das Aufschreiben jedoch ist am einprägsamsten.

Konzentration ist für unsere persönliche Entwicklung unbedingt notwendig. Denn sie gibt uns die Macht, unsere Persönlichkeit zu verändern, und ist auch zur Erreichung jedes unserer Ziele unentbehrlich.

Wenn wir unsere Denkgewohnheiten ändern wollen, müssen wir etwas tun. Von nichts kommt nichts! Nehmen Sie also ein Blatt Papier, und schreiben Sie Ihre positiven Seiten auf. Sie müssen nicht geordnet sein.

Ich schrieb folgendes auf:
– Ich bin fleißig, strebsam und gutmütig.
– Ich liebe meine Familie.

---

[9] Markert, Christopher: Yin Yang. Goldmann Verlag, München. Seite 186

– Ich besitze viel Energie.
– Ich bin sportlich.
  Ich habe Kondition und kann eine halbe Stunde dauerlaufen.
– Ich habe Humor und lache gerne.
– Ich habe Organisationstalent.
– Ich kann gut wirtschaften.
– Ich spreche Deutsch, Indisch und Englisch sowie etwas Französisch.

Als ich mir diese Liste anschaute, bekam ich Respekt vor mir selbst. Ich war mir plötzlich bewußt, daß ich Fähigkeiten besaß, an die ich früher keinen Gedanken verlor. Wenn man zum negativen Denken neigt, vergißt und verdrängt man seine positiven Eigenschaften. Selbstachtung ist ein sehr wichtiger Schritt, sich vom negativen Denken zu befreien.

■ Lernen Sie, zu sich selbst zu finden.
Um zu uns selbst zu finden, müssen wir über uns nachdenken und uns fragen: „Was bin ich? Was will ich? Was erwarte ich vom Leben? Welche meiner positiven Eigenschaften und Talente möchte ich entwickeln?" Wenn es Ihnen schwerfällt, diese Fragen zu beantworten, so meditieren Sie. Dabei finden Sie Ihre Lösungen, die sich auf Ihr Inneres beziehen. Meditation führt Sie auf den Weg der Selbstfindung und offenbart Ihnen auf diese Weise Ihre sehnlichsten Wünsche.

„Auf diesem Wege kommt der Mensch mit sich selbst ins reine, findet sich oder entdeckt sich selbst wieder neu. Denn wo auch immer der Gehalt der Meditation hergenommen wird, Meditation führt einen zu sich selbst, zu dem eigenen Sinn und zu der uns umschließenden, umgreifenden Wirklichkeit. Von daher gesehen ist Meditation eine wesentliche Hilfe bei der Gestaltung des eigenen Lebens."[10]

Auch bei mir war die Meditation einer der wichtigsten Schritte zu meinem Glück. Die Technik ist recht einfach zu erlernen; Sie finden die Beschreibung auf Seite 126.

■ Setzen Sie sich Ziele.
Nachdem Sie sich Ihre positiven Seiten bewußt gemacht und herausgefunden haben, was Sie wollen, schreiben Sie Ihre Ziele auf – die kleinen und die großen, die kurzfristigen und die langfristigen. Geben Sie Ihrem Leben eine Richtung. Von welchen Schwächen wollen Sie sich befreien? Welche Ihrer positiven Eigenschaften wollen Sie entwickeln und erweitern?
Vor zwei Jahren habe ich mir folgendes notiert:
Ich möchte
– nicht die Welt, sondern mich selbst verändern,
– meine Persönlichkeit mit Hilfe von Selbsthilfebüchern entwickeln,
– mehr Selbstvertrauen erlangen,
– mich von negativen Eigenschaften befreien,
– Eheprobleme und Probleme bei der Kindererziehung beseitigen,
– eine harmonische Atmosphäre in der Familie verwirklichen,
– mir das Rauchen abgewöhnen,
– keinen Alkohol mehr trinken,
– abnehmen und mein Idealgewicht erreichen,
– Kopfstand ohne Stütze erlernen.
Das waren meine ersten Ziele, die ich, eins nach dem anderen, anstrebte. Als ich sie erreicht hatte, setzte ich mir neue, immer höhere. Beginnen auch Sie auf diese Art, Ihr Leben zu ändern. Sie werden sehen, wie Ihr Selbstwertgefühl immer mehr steigt und welchen Spaß es macht, sich mit sich zu beschäftigen.

„Nur wenige Menschen machen sich die Mühe und denken nach. Diejenigen, die es tun, haben der Masse viel voraus."

---

[10]Boeckel, Johannes: Meditationspraxis. Goldmann Verlag, München. Seite 26

■ Nutzen Sie Ihre Vorstellungskraft.
Wir sind mit einer Vorstellungskraft begabt. Imagination, Phantasie – kurz: unsere geistigen Bilder – sind die Sprache des Unterbewußtseins. Was wir denken, stellen wir uns vor; und was wir uns vorstellen, wird vom Unterbewußtsein, das uns führt, früher oder später verwirklicht. Mit anderen Worten: Wenn es in unserem Leben ständig Mißerfolge und Mängel gibt, so nur deshalb, weil wir sie uns in der Vergangenheit oft vorgestellt haben.

„Imagination regiert die Welt. Was immer Sie sich klar und plastisch und regelmäßig vorstellen, wird in Ihrem Leben Wirklichkeit."[11]

■ Beeinflussen Sie Ihr Unterbewußtsein positiv.

„Menschliche Wesen können ihr Leben dadurch ändern, daß sie ihre geistige Einstellung ändern."

(William James)

Betrachten wir unser Unterbewußtsein als Feld und unsere Gedanken als Saat. Säen wir schlechte, ungesunde Saat, so wachsen schlechte und ungesunde Früchte daraus; gute Saat aber bringt auch gute Früchte. Denken wir abwertend und negativ über uns selbst, werden wir unsicher und verklemmt in der Öffentlichkeit auftreten, denn unser Unterbewußtsein führt uns. Es lenkt den Körper, der je nach Art der Gedanken reagiert. Haben wir keinen Respekt vor uns selbst, strahlen wir dies auch aus, so daß andere dann ebenfalls keine Achtung vor unserer Person haben.

„Wer sich nicht zu den Besten hält, zählt nicht zu den Besten."

(Johann Wolfgang Goethe)

Mit folgenden Sätzen können Sie lernen, sich positiv zu beeinflussen, wenn Sie sie verinnerlichen:

– Ab sofort werde ich mich niemals mehr ablehnen oder herabsetzen.
– Ich habe positive Eigenschaften und Fähigkeiten, die ich erweitern will.
– Von nun an will ich mir täglich eine gewisse Zeit nehmen, um mein Leben zu gestalten.
– Ich werde alle meine Ziele erreichen.
– Ich bin einmalig und akzeptiere mich mit allen meinen Fehlern und Schwächen, aber auch Vorzügen und Stärken.
– Ich bin in jeder Lage ruhig und ganz sicher.
– Bei allem, was ich unternehme, will ich Erfolg haben.

Bilden Sie noch mehr von diesen Sätzen, und sagen Sie sie jeden Tag zu sich selbst. Sie werden sehen, welche enorme Wirkung dies auf Ihr Gemüt hat. Haben Sie sich das positive Denken zur Gewohnheit gemacht, fühlen Sie sich glücklicher, gesünder, tatkräftiger, schwungvoller, denn Ihre Gedanken übertragen sich auf Ihren Körper, und der reagiert dementsprechend. Ihr neues Lebensgefühl wird Ihr Selbstwertgefühl noch steigern.

■ Lassen Sie sich nicht von Ihren Mitmenschen ausnutzen.
Meist verhalten sich die Menschen extrem: Die einen denken nur an sich, die anderen dagegen opfern sich auf. Nur wer gelernt hat, beides zu tun, für sich und die anderen zu leben, wird Zufriedenheit erlangen. Das heißt, wir müssen ein Gleichgewicht schaffen. Wir dürfen uns nicht vernachlässigen, aber auch nicht die anderen. Lassen Sie sich nicht ausnutzen, Sie haben ein Recht auf sich. Hierzu ist ein gesunder Egoismus notwendig.

„Je hingebender sich jemand für andere einsetzt, desto selbstverständlicher wird es von ihm erwartet. Schließlich wird

[11] Freitag, Erhard: Hilfe aus dem Unbewußten. Goldmann Verlag, München. Seite 73

man es ihm sogar übelnehmen, wenn er nur einmal den egoistischen Forderungen der anderen nicht nachkommt. Spätestens dann, wenn man ihn nicht mehr braucht, wird er auf jeden Fall von seinen Nutznießern vergessen sein. Und wenn er dann das Gefühl hat, das Leben sei an ihm vorbeigegangen, kann es schon zu spät sein. Selbst die heftigsten Vorwürfe können solche Fehler nicht ungeschehen machen, und auch die Zeit vermag keiner zurückzudrehen."[12]

Ein gesundes Gleichgewicht können Sie erlangen, indem Sie sich täglich wenigstens 1 Stunde Zeit für sich selbst nehmen. Wie Sie das schaffen, zeigt Ihnen das Kapitel „Planen Sie Ihre Zeit" auf Seite 35.

---

[12] Ryborz, Heinz: Die Kunst zu überzeugen. Ariston Verlag, München. Seite 82

Erwartungen führen meistens zu Enttäuschungen

„Verlange von Deinen Mitmenschen nicht mehr, als Du zu geben imstande bist."

„Fordere viel Kraft von Dir selbst und wenig von den anderen, so bleibt Dir mancher Ärger erspart."

„Enttäuschte Liebe ist immer eine enttäuschte Erwartung. Wenn keine Erwartungen bestehen, kann keine Enttäuschung eintreten."

Es dauerte lange, bis ich die Bedeutung dieser Weisheiten erfaßte. Erwartete ich denn von meinen Mitmenschen mehr als sie von mir? Was genau erhoffte ich von anderen, von meiner Familie, meinen Freunden? So begann ich intensiv über meine Wünsche und Erwartungen in bezug auf andere Menschen nachzudenken. Wenn diese Weisheiten stimmten, welches Verhalten legten sie mir nahe? Nach langer Überlegung gelangte ich zur Erkenntnis, daß ich eine Menge Fehler gemacht hatte und für mein Unglück selbst verantwortlich war. Das alles kam als Folge meines falschen Denkens. Ich hatte den negativen Strömungen und Gedanken häufig Tür und Tor geöffnet, vor allem den vielen Erwartungen, die unweigerlich Enttäuschungen nach sich zogen; mein enttäuschtes Verhalten übertrug sich dann auf meine Mitmenschen, die wiederum enttäuscht waren von mir.
Beim Nachdenken über mich selbst stellte ich folgendes fest:
– Von meinem Ehepartner erwartete ich Zärtlichkeit – war ich zärtlich zu ihm?
– Ich wollte, daß er mir jeden Kummer von den Augen ablas und mich tröstete. Hatte ich mich nach seinem Kummer erkundigt und ihn dann getröstet?
– Ich erwartete, daß er Interesse für mein Tagesgeschehen und meine Hobbies zeigte – war ich denn an seinen interessiert?
– Von meinen Kindern verlangte ich, daß sie sich nicht stritten. Aber mit meinem Mann stritt ich wegen jeder Kleinigkeit.

– Von meinem Mann forderte ich Toleranz und Verständnis für die Kinder. Ich selbst aber schimpfte mit ihnen oder nörgelte oft an ihnen herum.

– Ich erwartete von meinen Kindern, sie sollten nicht zuviel fernsehen. Ich selbst aber schaute nach Lust und Laune, sooft ich wollte.

– Ich bat die Kinder immer wieder, vernünftig zu sein. Ich selbst aber rauchte eine Schachtel Zigaretten am Tag und trank eine Menge Alkohol.

– Von meiner Mutter erwartete ich Dank, wenn ich Ihr ein Geschenk schickte, aber daß sie mir Geschenke gab, hielt ich für selbstverständlich.

Meine Erwartungen waren endlos. Ich forderte zwar von der ganzen Menschheit Anerkennung und Verständnis, trug aber selbst nicht das geringste zur Verständigung bei. Je mehr ich darüber nachdachte, desto mehr wurden mir meine eigenen Fehler bewußt.

Als ich mit meiner Selbsterziehung zum positiven Denken begann, gehörte es zu meinen Zielen, die Erwartungen aufzugeben. Das war nicht einfach, denn sie bauen sich fast unbemerkt auf, entstehen quasi in jeder Stunde. Ich bemühte mich, bewußter zu leben, aber monatelang ertappte ich mich immer wieder dabei, wie ich anderen gegenüber Erwartungen hegte.

Bei der Beobachtung meiner selbst und meiner Mitmenschen stellte ich fest, daß es bei den anderen genau dieselben Erwartungen waren, die zur Enttäuschung führten.

In der Hauptsache gibt es zwei Arten von Erwartungen, die jeder an sich ohne große Mühe aufspüren kann, sich jedoch abgewöhnen sollte:

– Dank und Gegenleistung von anderen zu fordern

– Zu erwarten, daß andere die eigenen Gedanken lesen können.

„Es ist nur natürlich, daß Menschen vergessen, sich dankbar zu zeigen. Wenn wir also umhergehen und Dank erwarten, werden wir uns dadurch bestimmt selbst viel Kummer bereiten."[13]

Einmal kam eine Bekannte zu mir und fragte nach dem Rezept einer besonders exotischen Speise. Ihr Mann habe 20 Geschäftsleute eingeladen, und sie müsse nun den Abend vorbereiten. Ich gab ihr ein Rezept für ein indisches Gericht. Eine Woche später kam sie vorbei und berichtete, welchen Erfolg sie mit dem Essen gehabt habe. Gleichzeitig aber machte sie ein enttäuschtes, mißmutiges Gesicht. Als ich sie nach dem Grund ihrer schlechten Laune fragte, sagte sie: „Stellen Sie sich vor, mein Mann hat nicht einmal danke gesagt. Undank ist der Lohn für die Mühe."

Ich überlegte und fragte sie, ob sie sich bei ihrem Mann bedanke, wenn an jedem Monatsende sein Gehalt auf das Konto komme. Sie schaute mich verblüfft an, und so erklärte ich ihr: „In einer harmonischen Ehe besteht ein Gleichgewicht, das auf verschiedenen Wegen erreicht werden kann: Mann und Frau ergänzen sich und bilden eine Einheit. In einer Ehe, in der der Mann arbeitet und die Frau zu Hause bleibt, ergänzen sich die Partner. Sie spielen zwei verschiedene Rollen: Der Mann ist für den äußeren Erfolg zuständig, die Frau für den inneren. Für die Frau ist es selbstverständlich, daß jeden Monat Geld aufs Konto kommt, daß der Mann tagtäglich arbeitet, um für die Familie zu sorgen. Für den Mann ist es selbstverständlich, daß die Frau sich für seinen Erfolg einsetzt. Warum soll er also danken?"

Ich erklärte ihr, daß sie nicht ihre Taten an dem zu erwartenden Dank ausrichten solle. Vielmehr könne sie sich über den großen Erfolg freuen. Denn die meisten Schwierigkeiten im Leben rühren allein daher, daß wir immer wieder Dank von unseren Mitmenschen fordern.

---

[13] Carnegie, Dale: Sorge dich nicht, lebe! Scherz Verlag, München. Seite 143

23

„Liebe und Dankbarkeit werden einem nie zuteil werden, wenn man es fordert."[14] „Wenn wir Glück finden wollen, müssen wir aufhören, über Dankbarkeit oder Undankbarkeit nachzudenken, und allein um der Gebefreudigkeit willen geben."[15] Ich kann mich an einen Vorfall erinnern, der genau zeigt, wie ein Konflikt durch Dankerwartung entsteht. Vor einigen Jahren bekamen wir von meiner Schwiegermutter ein Paket mit Geschenken, über die wir uns alle sehr freuten. Aber da ich in diesen Tagen sehr beschäftigt war, vergaß ich, mich bei ihr zu bedanken. Meine Kinder, die nach der Schule Sport, Spiel und anderen Interessen nachgingen, vergaßen es ebenfalls. Zwei Tage später rief meine Schwiegermutter an und beklagte sich, daß wir uns nicht meldeten, sie wäre sehr enttäuscht von uns. Wir erklärten ihr, daß es uns leid tue, aber ganz vergessen hätten wir es nicht. Spätestens am Wochenende hätten wir angerufen. Sie aber zeigte keinerlei Verständnis.
Was konnten wir tun? Bei mir kamen Gewissensbisse auf, und auch die Kinder schauten mißmutig drein. Insgeheim wünschte ich mir, meine Schwiegermutter hätte uns das Paket nie geschickt. Zugegeben, wir hatten uns danebenbenommen, aber nicht weil wir undankbar oder böse waren, sondern weil wir schlicht vergessen hatten, uns zu bedanken. Und mit ihrer Dankesforderung hatte Mutter uns die ganze Freude verdorben, was sicher auch nicht in ihrem Sinn war.

Erwarten Sie nicht, daß andere Ihre Gedanken lesen können.
Nachdem wir umgezogen waren, hatte mein Mann sehr viel am neuen Haus zu tun. Er erwartete von den Kindern, daß sie ihm von sich aus zu Hilfe kämen. Sie taten es nicht, weil sie viel zu sehr mit ihren Spielen beschäftigt waren, um auf die Idee zu kommen, dem Vater zu helfen. Enttäuscht über die Kinder, fraß der Vater den Ärger in sich hinein, bis ihm eines Tages der Kragen platzte: „Sagt mal, seht ihr nicht, daß ich viel Arbeit habe. Will mir denn keiner helfen?" Darauf die Kinder: „Wieso sagst du uns nicht, daß du Hilfe nötig hast?" – „Ihr seht es doch! Habt ihr keine Augen im Kopf?" erwiderte mein Mann. Er schimpfte noch lange, und die Kinder konterten und schimpften ebenfalls. Auf diese Weise wurde die Familienatmosphäre vergiftet.
Es gibt viele solcher Beispiele:
– Ein Ehepartner erwartet vom anderen, daß er seine Gedanken liest.
– Eltern erwarten von den Kindern Rücksichtnahme und Hilfe.
– Eine Mutter erwartet von ihren erwachsenen Kindern ständige Fürsorge und Aufmerksamkeit für sich.
– Andere erwarten Hilfe von Familienangehörigen, wenn sie zuviel Arbeit haben.
Wir sollten aber nicht stillschweigend irgend etwas erwarten, sondern unsere Wünsche offen aussprechen, in die Wege leiten und nicht enttäuscht sein, wenn die Bitte einmal nicht erfüllt wird. Besser ist also, wenn Ehepartner, Kollegen und Freunde sich gegenseitig klar sagen oder wenigstens andeuten, was sie voneinander wünschen und erwarten.
Nehmen wir einen anderen Vorfall, der sich so oder ähnlich häufig ereignet: Eine Frau hatte Geburtstag und wollte am Abend mit Freunden feiern. Bevor ihr Mann morgens das Haus verließ, bat sie ihn, rechtzeitig und mit guter Laune heimzukommen. Um 19 Uhr war er noch immer nicht da. Um 20 Uhr kamen die ersten Gäste. Sie bemerkten die Enttäuschung der Gastgeberin an deren Gesichtsausdruck und fragten, warum sie denn gerade heute so schlecht gestimmt sei. Sie sagte: „Man

[14] Carnegie, Dale: Sorge dich nicht, lebe! Scherz Verlag, München. Seite 144

[15] Carnegie, Dale: Sorge dich nicht, lebe! Scherz Verlag, München. Seite 145

kann doch vom eigenen Mann erwarten, daß er pünktlich nach Hause kommt." Die Freunde zuckten nur die Schultern und amüsierten sich untereinander, während die Frau im Geiste ihren Mann beschimpfte und ihre schlechte Laune beibehielt. Die Feier war ihr verdorben. Als ihr Mann schließlich nach Hause kam und obendrein noch ohne Geschenk, da wurde sie böse. Ohne danach zu fragen, warum er zu spät gekommen sei, beschimpfte sie ihn und schwieg fortan mehrere Tage. Er fühlte sich ungerecht behandelt und schmollte ebenfalls. Die Atmosphäre war so für viele Tage verdorben.

Folgende Lehre sollten Sie aus solchen Vorfällen ziehen:

Nehmen Sie zur Kenntnis, daß die meisten Menschen mit eigenen Gedanken und Problemen beschäftigt sind. Es ist meist kein böser Wille, wenn andere auf Ihre Wünsche und auf Ihre Schwierigkeit nicht eingehen.

Wenn der Partner oder Freund einen Festtag vergißt und er nicht Ihren Erwartungen nachkommt, hat dies sicherlich Gründe. Verhalten Sie sich jedoch in solchen Situationen negativ, indem Sie die beleidigte Leberwurst spielen, so ist es ein Zeichen Ihrer Unreife und Unwissenheit. Wir alle erwarten leichtfertig vom Partner, von Kindern, Verwandten, Freunden und Arbeitskollegen Dank, Anerkennung, Aufrichtigkeit, Pünktlichkeit und Zuverlässigkeit. Nur von uns selbst nicht. Für uns selbst erwarten wir Verständnis.

Einmal bewarb ich mich bei der Volkshochschule als Leiterin eines Kurses. Mehrere Wochen wartete ich auf das Antwortschreiben. Die Nachricht fiel positiv aus. Ich sprang vor Begeisterung in die Luft und konnte die Rückkehr meines Mannes gar nicht abwarten. Sobald er am Abend in der Tür stand, erzählte ich ihm die Neuigkeit. Er aber brummte nur etwas und setzte sich abgespannt auf das Sofa. Völlig enttäuscht, ging ich in die Küche und knallte die Tür

hinter mir zu. Den Tränen nahe, zog ich im Geiste über meinen Mann her; „Na warte", dachte ich, „wenn du nächstes Mal mit deinem Kram kommst, dann …" Ich versenkte mich so sehr in diese Wut, daß ich den ganzen Abend nicht mit ihm redete. Mein Verhalten stieß ihn ab, er ging in sein Zimmer. Da saß ich nun allein mit der freudigen Nachricht. Ich fühlte mich abgelehnt und hatte Selbstmitleid. Auf die Idee, mich nach seinem Kummer zu erkundigen, kam ich gar nicht, sondern warf ihm im Geiste Gleichgültigkeit vor.

Alle geschilderten Vorfälle zeigen, daß Erwartungen meistens zu Enttäuschungen führen. Fühlen Sie sich nächstes Mal einsam, niedergeschlagen, nutzlos, wertlos oder verlassen, so fragen Sie sich, welche Erwartungen Sie zuvor in andere gesetzt hatten.

„Der ideale Mensch fühlt Freude, wenn er anderen einen Dienst erweisen kann, jedoch Scham, wenn er Dienste von anderen verlangen muß. Denn es ist ein Zeichen der Überlegenheit, etwas Gutes zu tun, aber ein Zeichen der Minderwertigkeit, es zu empfangen."

(Aristoteles)

„Viele Frauen sehnen sich wohl danach, geliebt zu werden, doch nie wird jemand sie lieben, bis sie aufhören, Liebe zu fordern, und statt dessen selber beginnen, Liebe auszuteilen, Liebe ohne Erwartung irgendeines Entgelts."[16]

„Wir sollten an andere überhaupt keine Erwartungen knüpfen. Jede Art von Erwartung, auch die kleinste, ist schädlich für unsere Beziehung zu den Mitmenschen, für den Zustand unserer Seele."[17]

---

[16] Carnegie, Dale: Sorge dich nicht, lebe! Scherz Verlag, München. Seite 144

[17] Lauster, Peter: Die Liebe. Econ Verlag, Düsseldorf. Seite 183

Ratschläge:

■ Prägen Sie sich die folgende Formel ein, und wenden Sie sie an:
Erwartung = Enttäuschung
Enttäuschtes Verhalten wirkt auf andere Menschen negativ. Es stößt ab. Ohne Erwartungen gibt es auch weniger Enttäuschungen. Das unterstützt ein ausgeglichenes Verhalten, und dieses übt eine positive Wirkung auf andere Menschen aus.

■ Wenn Sie schon von anderen etwas erwarten wollen, so seien Sie Ihnen wenigstens selbst ein entsprechendes Vorbild:
– Wenn Sie Dank erwarten, seien Sie selbst dankbar.
– Wenn Sie nicht wollen, daß Ihre Kinder zu Rauchern oder Trinkern werden, dann rauchen und trinken Sie selbst auch nicht.
– Wenn Sie Hilfe erwarten, seien Sie selbst hilfsbereit.

■ Erwarten Sie nicht stillschweigend etwas, sondern sagen Sie dem anderen, was Sie wünschen. Nur wenige können hellsehen!

An unserer Pinnwand habe ich folgenden Satz befestigt:
In unserer Familie wird nicht erwartet, sondern darüber gesprochen, was man denkt, wünscht oder voraussetzt! Denn man kann nicht alles erahnen!

Lassen Sie die Vergangenheit ruhen

„Ist eine Sache geschehen, dann heule nicht darüber. Es ist schwer, verschüttetes Wasser wieder zu sammeln!"

(Chinesische Weisheit)

Wollen wir ein neues Leben anfangen, so müssen wir die Vergangenheit loslassen. Dies ist ein sehr wichtiger Schritt, der Ordnung in unser Leben bringt. Die Vergangenheit ist tot, das heißt, sie zählt nicht, wir wollen das Gewesene nicht verdrängen, aber wir dürfen ihm keine Macht über unser jetziges Leben einräumen.

Wenn man Neues erwirbt, muß man das Alte weggeben, sonst belastet man sich mit Unnötigem und verliert Energie. Wenn wir zum Beispiel neue Möbel kaufen, müssen wir die alten weggeben. Und wenn wir eine neue Beziehung eingehen, sollten wir die alte lösen.

Menschen leiden oft an ihrer Vergangenheit. Sie machen sich Gewissensbisse angesichts ihrer Fehler und werden mit ihrer oder der Vergangenheit ihres Partners nicht fertig.

In meinem folgenden Beispiel kann eine Frau den Seitensprung ihres Mannes und die dadurch entstandene Krise nicht vergessen. Obwohl dies schon fünf Jahre zurückliegt, macht die Frau ihrem Mann das Geschehene bei jeder Gelegenheit zum Vorwurf und fordert erneuten Streit heraus. Sie wirft ihm böse Blicke zu, wenn über dieses Thema in der Öffentlichkeit diskutiert wird. Freundinnen und Verwandten erzählt sie voller Bitterkeit und Selbstmitleid, wie sie unter der einstigen Untreue ihres Mannes zu leiden hat. Indem die Frau ständig anderen etwas vorjammert, ihren Mann kritisiert, ihm nicht verzeiht, die Vergangenheit nicht vergißt, quält sie sich selbst. Sie versucht in keiner Weise, ihren negativen Gefühlen einen Riegel vorzuschieben und das Beste aus ihrer Situation zu machen. Durch ihr klagendes und jammerndes Verhalten geht sie anderen auf die Nerven, denn diese sind an ihrem Kummer

doch nicht mehr interessiert und machen einen Bogen um sie. Ihr negatives Benehmen stößt andere ab.

Negative Gefühle wirken manchmal wie ein Sog; man kann sich ihnen nicht entziehen, und man will es auch gar nicht. Manche Menschen gehen geradezu auf in ihren Depressionen, ihrem Leiden und ihrem Unglück, sie kommen von diesem Negativen nicht los, es wirkt auf sie wie ein Rauschmittel. Aber so wie diese schädlich für den Organismus sind, so ungesund und zerstörerisch sind die negativen Gefühle, die sich an der Vergangenheit oder an anderen Dingen entzünden.

So ergeht es auch jenen Menschen, die für ihre Erfolglosigkeit im Erwachsenenleben immer noch die einstigen Erziehungsfehler ihrer Eltern verantwortlich machen. Mit fortdauernden Vorwürfen machen sie sich selbst und den noch lebenden Eltern das Leben schwer. Fast jedes Kind wächst unter der Obhut der Eltern auf. Als Erwachsener muß man aber die Verantwortung für sein Leben selbst übernehmen und lernen, eigenständig zu denken.

Unser ganzes Leben besteht aus einem Lernprozeß. Und wir lernen meist durch Fehler und Erfahrungen, die wir machen. Keinem wird die Weisheit in die Wiege gelegt. Alles, was wir im Leben erreichen und sein wollen, müssen wir uns erarbeiten, und dazu wurde uns der gesunde Menschenverstand gegeben.

„Selbstvergebung bedeutet geistige Harmonie und seelischen Frieden. Selbstverurteilung und Selbstbestrafung bedeuten Elend und Leiden."[18]

Wenn ich ständig an die vielen Fehler meiner Vergangenheit denken müßte, würde ich von der Gewissenslast erdrückt werden. Aber ich habe mir verziehen, um ein neues Leben anzufangen. Da ich meine Gedanken steuern kann, will ich sie lieber in ein

neues Leben lenken, das mir jetzt und in der Zukunft Glück, Harmonie und Frieden verheißt, anstatt sie in eine Vergangenheit zu führen, die mir nur Krankheit, Armut und Elend zurückbringt.

Haben Sie schon von jenem alternden Schauspieler gehört, der sich nur noch seiner Vergangenheit widmet? Für ihn ist die Vergangenheit der Höhepunkt, die Gegenwart das Nichts. Er ergötzt sich an glanzvollen Erinnerungen, aber gleichzeitig ist er depressiv, weil seiner Ansicht nach das Leben vorüber ist. Auf diese Art macht er sich in der Öffentlichkeit lächerlich und verliert auch die Achtung seines einstigen Publikums.

Oder nehmen wir die Witwe, die von schönen Zeiten träumt, die sie mit ihrem Mann verbracht hat. Fortwährend erzählt sie anderen davon, wie schön es damals gewesen ist und wie einsam und unglücklich sie sich heute fühlt. Sie sollte statt dessen froh sein, daß sie eine harmonische Ehe hatte, und sich vornehmen, ihr Alleinsein mit Würde zu durchleben. Sie könnte sich jetzt neuen Dingen zuwenden und das tun, wozu sie früher keine Zeit hatte.

Es hat keinen Sinn, der Vergangenheit nachzutrauern. Es hat nur Sinn zu wachsen und zu reifen. Seien Sie dankbar für das, was Sie haben durften, aber trauern Sie nicht all dem nach, was Sie nicht haben konnten.

„Leuchtende Tage,
Nicht weinen, weil sie vorüber,
Sondern sich freuen, daß sie gewesen."

Ziehen Sie einen Schlußstrich, erklären Sie die negativen Seiten Ihrer eigenen Vergangenheit für tot. Tragen Sie nicht quälende Gedanken des Gewesenen mit sich herum, sondern lassen Sie das schwere Gepäck los. Wühlen Sie alte Erinnerungen nicht ständig auf, pflegen Sie keine negativen Gedanken, verstärken Sie sie nicht durch ständige Zuwendung. Verzeihen Sie sich

---

[18] Murphy, Joseph: Leben in Harmonie. Goldmann Verlag, München. Seite 157

selbst, dann sind Sie auch in der Lage, anderen zu vergeben.

Zu diesem Thema ein Zitat:

„Es gibt Menschen, die sich für alles Geschehene verantwortlich fühlen und sich wegen allem Vorwürfe machen. Ihre größte Schwäche ist, ständig zurückzuschauen und selbstquälerisch in der Vergangenheit zu leben. Diese Menschen verkennen ihre Lebensaufgabe. Es kommt nicht so sehr darauf an, wie viele Fehler wir begangen haben. Viel wichtiger ist es, was uns die Fehler gezeigt, wohin sie uns geführt und was wir aus ihnen gelernt haben. Was vorbei ist, ist vorbei. Man muß auch sich selbst vergeben können. Es ist zwar richtig, sich mit seinem Leben auseinanderzusetzen, damit man die Zusammenhänge eines Konfliktes begreift. Dann aber ist es Zeit, einen Neuanfang zu wagen."[19]

Ratschläge:

■ Kontrollieren Sie Ihre Gedanken! Dazu ist es nötig, die unterbewußten Gedanken richtig zu beeinflussen. Sagen Sie sich „Für mich ist hier, jetzt und heute der wichtigste Tag." und „Sobald meine Gedanken in die Vergangenheit schweifen, hole ich sie wieder zurück." Kommen die Gedanken und Gefühle der Vergangenheit wieder, lassen Sie sie vorüberziehen wie Wolken, betrachten Sie sie als kleine Wellen, die kommen und gehen, aber lassen Sie diese Wellen nicht groß und übermächtig werden. Halten Sie Distanz zu ihnen, vertiefen Sie sich nicht darin. Je mehr Sie sich quälenden Erinnerungen hingeben, desto unfähiger werden Sie, Ihr Leben jetzt zu meistern. Sie sollten keinesfalls Ihre Vergangenheit verdrängen, sondern lediglich Nutzen im Sinne des Wachstums und des Reifens daraus ziehen, nicht etwa Schaden. Es kommt auf Ihre innere Einstellung an.

Halten Sie Ihre Vergangenheit, so bitter sie auch sein mag, für normal; vielen anderen ist es nicht besser ergangen. Wenn ein Schiff in einem Sturm ohne Steuermann auf dem Wasser schwimmt, bedeutet es seinen Untergang. Genauso ist es mit unseren Gedanken. Lernen Sie nicht, sich zu steuern, gehen Sie, bildlich gesprochen, ebenfalls unter.

■ Horten Sie Ihre Vergangenheit nicht! Viele Menschen sammeln ihre Erinnerungen nur, um nicht zu vergessen. Ob diese schmerzhaft, beschämend, nichtig sind oder nicht, ob Sie sie brauchen oder nicht, ob sie Platz haben oder nicht, alles bewahren Sie auf und verdrängen damit andere wichtigere Gedanken der Gegenwart. Lösen Sie sich von Ihren alten Erinnerungen. Vergessen Sie nicht, daß Erinnerungen uns genauso belasten und behindern können wie unnötige Gegenstände. Wir können unsere Vergangenheit ebensowenig vergessen wie einen Verstorbenen, der uns nahestand, denn alles wird in unserem Unterbewußtsein gespeichert. Aber wir können die negativen Dinge loslassen, Distanz gewinnen. Die Entscheidung liegt einzig und allein bei uns.

„Immer vorwärts, nie zurück,
Frischer Mut bringt neues Glück."

■ Nutzen Sie Ihre Vorstellungskraft! Betrachten Sie Ihre Vergangenheit als einen Gegenstand, der zwar wertvoll ist, den man aber dennoch loslassen muß.
■ Meditieren Sie! Das hilft auch, über die Vergangenheit hinwegzukommen.

---

[19] Wallimann, Silvia: Lichtpunkt. Bauer Verlag, Freiburg. Seite 60

Machen Sie nicht die Umstände für Ihren Mißerfolg verantwortlich

„Es gibt viele Wege zum Guten hin. Die Wege sind da, aber gehen mußt Du!"

„Es ist wahr, daß wir die Umstände unserer Geburt oder unsere Eltern nicht wählen können, aber die Tatsache, daß Sie in eine arme Familie hineingeboren wurden oder keine höhere Schulbildung bekamen, braucht Sie nicht davon abzuhalten, ein großes Schicksal zu erfüllen. Die meisten Genies in der Geschichte waren es aus eigenem Antrieb. Wissen kann man sich heutzutage in Abendschulen, Volkshochschulen und in Fernstudienkursen aneignen."[20]

„Es gibt viele Menschen, die ihr Versagen damit entschuldigen, daß es so viele Hindernisse auf ihrem Lebensweg gegeben habe. So sind sie zum Beispiel durch das Fehlen eines Universitätsstudiums benachteiligt. Aber man kann sicher sein, wenn sie studiert hätten, gäbe es für sie eine andere Entschuldigung. Nur der reife Erwachsene ist darum bemüht, seine Schwierigkeiten mit eigener Kraft aus dem Weg zu räumen und sie nicht als Ausrede zu benutzen. Viele Menschen geben den Umständen die Schuld an dem, was gerade ist. Wer in der Welt vorankommen will, macht sich die äußeren Umstände zunutze und nicht zum Nachteil."[21]

Lassen Sie mich erzählen, wie ich früher meine Mißerfolge zu erklären pflegte:

– Wenn ich morgens nicht aus dem Bett kam, war mein Mann schuld, weil er am Vorabend zu lang ferngesehen und mich „angesteckt" hatte. So konnte ich den Wecker nicht hören, ich war zu müde.

– Als ich abnehmen wollte und meine Diät nicht durchhielt, war meine Familie schuld, weil sie sich wie früher ernährte und ich ihren Speisen nicht widerstehen konnte.

---

[20] Norvell, Anthony: Sei erfolgreich und wohlhabend. Goldmann Verlag, München. Seite 60

[21] Carnegie, Dorothy: Das Leben meistern. Verlag Lebendiges Wort, Pohlheim-Dorf Güll

– Mein Wunsch, Sport zu treiben, blieb unerfüllt. Schuld hatten meine Freunde, denn keiner wollte mitmachen, und allein hatte ich keine Lust.

Daß bis zu meinem 37. Lebensjahr in meinem Leben so vieles danebenging, führe ich heute zurück auf Unreife und mangelndes Selbstbewußtsein. So blieb etwa der Wunsch, eine weitere Fremdsprache zu lernen, unerfüllt, weil ich mich mit meinen 35 Jahren für zu alt hielt: In diesem Alter, so glaubte ich, kann das Gedächtnis nicht mehr gut sein. Bücher wagte ich selten in die Hand zu nehmen, denn ich zweifelte an meiner Konzentrationsfähigkeit. Außerdem meinte ich für die Lektüre keine Zeit zu haben. Und da mir niemand Mut machte, konnte ich kein Selbstvertrauen schöpfen. In dieser Selbstunterschätzung redete ich mir jeden ehrgeizigen Wunsch aus.

Ich nahm meine Vorhaben erst gar nicht in Angriff. Unzufrieden über meine Mißerfolge, bewunderte ich immer die anderen, die erfolgreich waren. „Ich tauge eben nichts", dachte ich oft, „ist ja kein Wunder – bei der Kindheit."

So wie ich früher, so machen viele Menschen die Umstände für ihre Mißerfolge verantwortlich. Zum Beispiel hatte ich eine Bekannte, die sich für Yoga interessierte und eine Starthilfe brauchte. Sie wußte, daß ich mich damit beschäftigte, und bat mich, ihr einige Übungen zu zeigen. Aber sie kam nicht zu mir. Jedesmal, wenn wir uns trafen, sagte sie: „Demnächst rufe ich dich an und komme vorbei." Schließlich war ein Jahr verstrichen, und sie war nie erschienen. Beim nächsten Treffen fragte ich sie nach dem Grund. „Ach", meinte sie, „ich finde einfach keine Zeit dazu. Ich interessiere mich sehr für Yoga, aber ich bin ständig unterwegs. Ich lerne zweimal die Woche Englisch, werde mehrmals zum Kaffee eingeladen, und meine Gymnastikstunden darf ich auch nicht versäumen. Kürzlich wollte ich einen Yogakurs besuchen, aber der war jeweils donnerstags. Da ich am Mittwoch schon Englisch lerne, kann ich am nächsten Abend die Familie nicht wieder alleine lassen. Diese blöden Kurse! Immer finden sie dann statt, wenn ich keine Zeit habe."

Ein Bekannter wollte schon seit Jahren das Rauchen aufgeben, aber er brachte es nie fertig. „Ständig werde ich von anderen zum Rauchen verleitet. Außerdem habe ich soviel Probleme in der Firma, die mir die Kraft rauben durchzuhalten", sagte er zu seiner Entschuldigung.

Wir sind sehr oft Meister im Erfinden von Ausreden, dann sind immer die Umstände schuld oder andere Menschen, manchmal sogar das Wetter oder das Fernsehen. Die einzigen jedoch, die wirklich andere Menschen, nämlich die Eltern, verantwortlich machen dürfen, sind Kinder und Jugendliche. Denn sie sind abhängig von deren Meinung und Entscheidungen. Vom Reifegrad der Eltern hängt es größtenteils ab, ob sich ein Mensch in der Kindheit gut entwickelt, Erfolg hat oder nicht.

Wir sind alle geprägt durch unsere Erziehung. Als Erwachsene müssen wir aber lernen, unsere eigene Meinung zu bilden. Wollen wir Erfolg haben, so müssen wir uns dafür einsetzen. Es hilft nicht weiter, wenn wir uns immer nur über widrige Umstände und schlechte Voraussetzungen beklagen.

„Zieh dich zurück und merke dir, was du bisher gedacht hast über Mann und Frau, Liebe und Haß, Besitz und Not, Krankheit und Freude, Gott und Teufel, Leben und Tod und über alles, von welchem du glaubst, eine Meinung zu haben. Denn es ist nicht deine Meinung.

Was du bisher gedacht hattest, waren nicht deine Gedanken, denn du hattest dich in einem Dornengestrüpp versteckt, das dir deine Eltern mitgaben auf deinen Weg.

Jetzt sieh dich um und bilde dir eine Meinung über das, was du siehst. Und wenn es dieselbe Ansicht ist, die du vormals hattest, so ist es doch eine neue Ansicht, denn dir wird deine Ansicht nicht mehr verstellt durch dein Versteck."[22]

Wie viele von uns hegen heimlich einen Wunsch, den sie sich aber nicht zu erfüllen wagen, weil sie meinen, es sei zu spät, sie seien zu alt, es fehle die Zeit oder sie würden ausgelacht werden. Ich kenne das Gefühl sehr gut. Wie gerne hätte ich zum Beispiel in meiner Kindheit schwimmen gelernt! Auf dem Schiff, das unsere Familie von Indien nach England brachte, stand ich als 12jährige neben dem Swimmingpool und beobachtete neidisch die anderen Kinder im Wasser. Wie gerne wäre ich auch dabeigewesen! Aber ich konnte nicht schwimmen, hatte Angst und schämte mich. Auch später bekam ich keine Gelegenheit, es zu lernen. Von den Kursen, die überall angeboten wurden, wußte ich damals nichts. So konnte ich bis zu meinem 23. Lebensjahr immer noch nicht schwimmen. „Jetzt ist es sowieso schon zu spät", dachte ich.

Später hatte ich den Wunsch, meinem Kind so früh wie möglich das Schwimmen beizubringen. So nahm ich allen Mut zusammen und beteiligte mich im zweiten Schwangerschaftsmonat an einem Schwimmkurs für Erwachsene. Noch bevor mein Kind geboren wurde, konnte ich schwimmen, und Sie können sich vorstellen, mit welcher Freude ich es später meinen Kindern beibrachte! Als sie mit vier Jahren ihren Freischwimmerpaß bekamen, war ich unendlich glücklich. Heute schwimmen meine Söhne hundertmal besser als ich! Hätte ich auf andere gehört und weiterhin nach Ausreden gesucht, hätte ich bis heute nicht schwimmen gelernt. Doch diesen Erfolg habe ich. Einen ähnlichen Erfolg errang ich im Squashspielen: Squash ist eine Sportart, die mich schon immer interessierte, und so meldete ich mich eines Tages in einem nahegelegenen Squash-Center zur Teilnahme

an einem preiswerten Kurs an. Danach suchte ich nach Spielpartnern, die ich jedoch trotz intensiver Bemühungen nicht finden konnte – alle, die sonst spielten waren Fortgeschrittene. So entschloß ich mich, alleine zu üben. Nach etwa einem Jahr bemerkten die anderen Spieler meine Fortschritte, und ich wurde bald in ihre Gruppe aufgenommen.

Von nun an setzte ich noch mehr Kraft in meine Vorhaben, denn ich befand mich auf dem richtigen Weg. Nach und nach erfüllte ich mir meine Wünsche und Pläne. Als ich sah, daß mir alles gelang, was ich begann, wurde ich von einer großen Freude erfüllt. Jeden Tag erwachte ich voller Tatendrang, die Energie schien unendlich. Positives Denken läßt den Menschen vorankommen. Mit jedem Erfolg, den ich seitdem errungen habe, bin ich ein kleines Stückchen gewachsen.

Jeder von uns hat Ehrgeiz, er muß nur geweckt werden. Vergessen Sie die negativen Erfahrungen Ihrer Vergangenheit, und nörgeln Sie nicht an den gegebenen Umständen herum, denn das Glück liegt in Ihnen und hängt von den Gedanken ab, die Sie gewohnheitsmäßig pflegen. Denken Sie daran: Ihre Gedanken wirken wie ein Magnet. Wenn Sie meinen, von Geburt an minderwertig und benachteiligt zu sein (durch eine falsche Erziehung oder unglückliche Verhältnisse), dann ist es allerhöchste Zeit, sich von der Vergangenheit zu befreien.

Ratschläge:

■ Setzen Sie sich Ziele, und konzentrieren Sie sich darauf, diese nach und nach zu verwirklichen! Alles, was Sie brauchen, ist:

– Willenskraft:

   „Glück ist eine andere Bezeichnung von Willenskraft. "
   (Ralph Waldo Emerson)

– Beständigkeit, Geduld und Ausdauer:

[22] Körner, Heinz: Johannes. Lucy Körner Verlag, Fellbach. Seite 99

33

„Große Werke werden nicht durch Stärke, sondern durch Beharrlichkeit vollbracht."

(Samuel Johnson)

– Vertrauen und Glaube:

„Alles ist möglich, wenn man glaubt."

– Ziel:

„Es kann der Mensch, was er ernstlich will, drum halte niemals vor dem Ziele still."

■ Sagen Sie also nicht: „Ich möchte autogenes Training ausüben, aber ich habe keine Zeit und keine Ruhe." Für diese Ausrede habe ich keinerlei Verständnis, denn jeder ist in der Lage, sich seine Zeit einzuteilen, und was die Ruhe betrifft, so entsteht sie erst, wenn wir uns Zeit dafür nehmen. Entspannung ist ja schließlich dazu gedacht, daß man gelassener wird.
Sagen Sie auch nicht: „Ich möchte dies oder jenes tun, aber ich verstehe die Anleitung nicht." Viele Menschen habe ich auf diese Weise reden hören. Es gibt aber keine dummen Menschen, sondern nur dumme Ausreden. Wenn Sie etwas lernen wollen, dann gehen Sie zu jemandem, der es gut kann. Wenn Sie niemanden haben, dann lassen Sie sich in einem Geschäft helfen. Lernen Sie von anderen, ohne sich von ihnen Ihre Entscheidungen abnehmen zu lassen. Fragen Sie, denn fragen kostet nichts!
Die häufigsten Ausreden, die Menschen benutzen, sind folgende:
– Ich habe Angst.
– Ich bin zu alt.
– Ich hatte eine falsche Erziehung.
– Meine Familie oder meine Arbeit nimmt mich zu sehr in Anspruch.
– Ich habe ein schlechtes Gedächtnis.
– Ich habe keine Zeit.
– Alleine habe ich keine Lust dazu.
Prüfen Sie, ob Sie diese Ausreden auch verwenden, und wenn ja, vermeiden Sie sie in Zukunft!
Es gibt immer Möglichkeiten, unsere Ziele zu erreichen, wenn wir nur wollen. Aber wir selbst müssen uns bemühen. Die Mühe kann uns kein anderer abnehmen.

Wo ein Wille ist, ist auch ein Weg!

Planen Sie Ihre Zeit

„Ein Mensch ohne Plan ist ein Blatt, das von den Lebenswinden hin und her geblasen wird. Die meisten dieser Blätter landen im Rinnstein."

„Machen Sie jeweils am Vorabend für den nächsten Tag einen Plan. Nehmen Sie sich verschiedene Aufgaben vor. Beschäftigen Sie sich am nächsten Tag zunächst nur mit einer Aufgabe. Haben Sie diese erledigt, so haken Sie sie in Ihrem Plan ab. Dann gehen Sie zum nächsten Punkt der Tagesordnung über.

Es gibt eine alte Erfahrung: Denkt jemand ständig an all das, was er erledigen will, so führt dies nicht selten zu Magenbeschwerden und Herzbeklemmungen. Wenn sich jemand aber immer nur einer einzigen Aufgabe zuwendet, hat er beste Aussichten, nervöse Störungen zu vermeiden. Haben Sie Ihren Tagesablauf in präziser Klarheit vor Augen, so wird Sie am Abend auch kein schlechtes Gewissen quälen, weil Sie vielleicht meinen, nicht genug gearbeitet zu haben. Sie werden vielmehr die Freude erleben, alle Ihre geplanten Aufgaben auch tatsächlich gemacht zu haben – ein äußerst angenehmes Erfolgserlebnis."[23]

Diesen Ratschlag habe ich angewendet. Das Planen meiner Zeit hat mir geholfen, meine gesteckten Ziele Schritt für Schritt zu erreichen. Glück, Gesundheit, Erfolg und Selbstverwirklichung ohne Aneignung und Anwendung dieses Grundsatzes scheinen mir unmöglich.

Denken Sie daran, daß unser Kosmos nach exakten Gesetzen arbeitet. Die Planeten unseres Sonnensystems laufen gesetzmäßig in ihren Bahnen; in unseren Meeren gibt es gesetzmäßig Ebbe und Flut. Auch die Tiere handeln instinktiv nach den Gesetzen der Natur: Sie wachen und schlafen nach einem Plan, das heißt zu einer bestimmten Zeit mit bestimmter Dauer; zu gegebener

---

[23] Ryborz, Heinz: Die Kunst, Ihr Leben zu meistern. Ariston Verlag, München. Seite 139

Zeit paaren sie sich und bauen Nester. Ebenso könnten ein Hotel, ein Flughafen, ein Bahnhof und eine Firma ohne Pläne nicht funktionieren. Denken Sie an Schulen: Ohne Stundenplan kann das Lernen nicht sinnvoll organisiert werden. Eisenbahnen, Busse, Flugzeuge und andere Verkehrsmittel fahren ebenfalls nach einem Plan. Verspäten sie sich, gerät alles durcheinander.

In unserem Leben ist es nicht anders. Wollen wir die vielen Aufgaben und Ziele, die jeder von uns täglich zu bewältigen hat, schaffen, dann müssen wir uns unsere Zeit einteilen.

Viele Menschen planen zwar genau ihre Tage und wissen, was sie zu tun haben. Trotzdem scheitern sie oft, weil sie sich nicht an ihren Plan halten.

– Zum Beispiel haben sie geplant, früh aufzustehen, aber waren dann doch zu faul dazu.

– Sie wollten zu einer bestimmten Stunde etwas erledigen, haben sich aber mit dem Nachbarn auf ein Schwätzchen eingelassen.

– Sie lassen sich ständig ablenken, zum Beispiel vom Fernsehen oder von anderen unwichtigen Dingen.

So vergeht die Zeit, und Sie haben Ihre Vorhaben nicht ausgeführt. Sie müssen diese Aufgaben auf den nächsten Tag verschieben. Da Sie jedoch am folgenden Tag andere Pflichten zu erfüllen haben, entsteht ein Durcheinander im Plan. Sie geraten mit Ihren Aufgaben in Verzug. Die Folge ist eine Panik, die zu Streß, Hektik oder gar zur Lähmung führt. Das überträgt sich auf die Familienmitglieder oder die Arbeitskollegen, so daß Störungen und Mißstimmungen entstehen. Wahrscheinlich sind es auch genau die Tage, an denen alles schiefläuft. Gerda gehörte zu den Menschen, die viel vorhaben und nichts schaffen. Sie plante zwar ihren Tagesablauf, hielt sich jedoch nicht daran, weil sie sich ständig ablenken ließ. Wenn sie ihren Mann abholte und dabei Bekannte traf, hielt sie mit ihnen ein Schwätzchen. Rief jemand an, so ließ sie sich gern in ein Gespräch hineinziehen. Jedesmal, wenn ich sie traf, war sie in Eile und stöhnte: „Ach, was hatte ich für diese Woche alles vor! Warum schaffe ich das bloß nicht? Ich weiß gar nicht, was ich noch machen soll. Dieser Streß bringt mich noch um."

Ich selbst begann vor 3 Jahren mit einer strikten Zeiteinteilung. Es dauerte eine Weile, bis ich das Prinzip beherrschte. Durch regelmäßiges Planen habe ich inzwischen ein Organisationstalent entwickelt, um das mich nun andere beneiden, zum Beispiel mein Mann, dem diese Fähigkeit fehlt. Da er aber meine Erfolge sieht, lernt er jetzt von mir.

Menschen, die nicht richtig planen, alles auf sich zukommen oder sich ablenken lassen, erreichen nichts. Sie schlafen schlecht, haben keine oder verspätete Erfolgserlebnisse, sind unzufrieden und enttäuscht. Machen Sie es sich deshalb zur Gewohnheit zu planen! Notieren Sie, was Sie am nächsten Tag zu tun gedenken. Es nützt Ihnen aber nichts, nur im Geiste zu planen, Sie müssen es aufschreiben. Planen Sie nur in Gedanken, so belästigt sie wahrscheinlich Ihr Geist nachts, in Grübeleien und Träumen. Störende Gedanken an das, was am folgenden Tag erledigt werden muß, tauchen auf, Sie können nicht schlafen. Haben Sie aber alles schriftlich festgehalten, so haben Sie Ruhe, denn Sie können ja jederzeit Ihre Notizen zu Hilfe nehmen und müssen nicht alles im Gedächtnis behalten. Die günstigste Zeit zur Planung des kommenden Tages ist der Abend, wenn sich der laufende Tag neigt und der nächst bevorsteht. Schreiben Sie aber nicht mehr auf, als Sie schaffen können, denn zu viele Arbeiten in kurzer Zeit belasten und lähmen Sie. Jeder weiß für sich am besten, welche Aufgaben er zu bewältigen hat, und jeder ist in der Lage, für sich selbst zu denken und einzuschätzen, wieviel Zeit und Energie er für verschiedene Aufgaben braucht. Wenn Sie dies anfangs nicht perfekt beherrschen, macht es nichts, Sie finden im Laufe der Zeit den optimalen Weg heraus. Bedenken Sie dabei: der Tag hat 24 Stunden, wovon ca. 8 Stunden auf Schlaf und Erholung entfallen, je nach Bedürfnis; Essen und Trinken gehören ebenfalls zum Ablauf eines jeden Tages. Planen Sie großzügig, damit Sie nicht wegen Unvorhergesehenem ins Schleudern geraten. Lassen Sie sich auch nicht von Menschen ablenken, die Sie nur für ihre eigenen Zwecke einspannen wollen und die Ihre Tagespläne durcheinanderbringen. Befolgen Sie, was Sie aufgeschrieben haben, und haken Sie dann Punkt für Punkt ab, damit Sie deutlich vor sich sehen, was Sie schon erledigt haben.

Durch gezieltes und sinnvolles Planen gewinnen Sie Zeit, die Sie für Ihre Selbstverwirklichung und Ziele einsetzen können.

Ratschläge:

- Machen Sie zu Anfang der Woche einen groben Wochenplan und verteilen Sie Ihre Vorhaben auf die Wochentage.
- Stellen Sie jeweils am Vorabend für den nächsten Tag einen genauen Plan auf, und vergessen Sie nicht, mindestens 1 Stunde für die eigenen Bedürfnisse zu berücksichtigen.
- Schauen Sie sich den Plan gleich morgens an.
- Erledigen Sie nacheinander die Aufgaben und haken Sie sie ab.
- Fassen Sie gleichartige Aufgaben in einem Zeitblock zusammen, statt sie nacheinander und verteilt auf mehrere Tage zu bearbeiten.
- Legen Sie auch Ihre Ferien schon am Jahresanfang fest, und bereiten Sie sich Schritt für Schritt darauf vor. Auf diese Art wird Ihr Urlaub zu einem freudigen Ereignis werden.

Treffen Sie Ihre Entscheidungen selbst

„Ein entschlossener Mann wird mit einem Schraubenschlüssel mehr anzufangen wissen als ein unentschlossener mit einem Werkzeugkasten."

Vielen Menschen fehlt die für unser Leben notwendige Entschlußkraft. Sie wissen gar nicht, daß ihr ganzes Glück davon abhängt. Warum können einige Menschen, ohne zu zögern, Entscheidungen treffen und andere nicht? Zum einen hängt es von der Veranlagung ab, zum anderen von der Erziehung. Als ich mit meiner Familie noch in Indien lebte, wurden alle wichtigen Entscheidungen von den Großeltern getroffen. Meine Eltern hatten nichts zu sagen, wir Kinder erst recht nicht. Überhaupt wird von einem Mädchen oder einer Frau dort noch heute absoluter Gehorsam erwartet. Sie darf nicht einmal ihren Ehemann auswählen, denn der wird von Großeltern und Eltern bestimmt. So lernte ich nie, selbst über mein Schicksal zu entscheiden. Mit der Zeit stellte sich bei mir das Gefühl ein, daß meine Meinung und meine Gedanken keinen Wert hätten.

Meine Mutter versuchte auch, mich zu belehren, was ich als Frau tun und lassen müßte. Sie wollte gerne, daß ich früh heiratete. Ich sei schon 20 Jahre, und in diesem Alter hätten alle indischen Mädchen bereits einen Ehepartner, meinte sie. Schließlich heiratete ich überstürzt; ich liebte meinen Mann zwar, aber wir waren beide noch nicht reif für die Ehe. So waren wir in den ersten Jahren oft unglücklich, doch ich wußte nicht, was ich falsch machte. Lob und Anerkennung waren mir so wichtig, daß ich ohne Überlegung Ratschläge von anderen annahm. Stets tat ich das, was andere für richtig hielten. Hatte ich Mißerfolg oder ging etwas schief, so ärgerte ich mich über die anderen und war enttäuscht. Oft haßte ich das Leben. Erst als ich erkannte, wie wichtig es ist, für sich selbst zu entscheiden, ging es mir besser. „Die Bildung unserer eigenen Meinung und der Mut, unserer Überzeugung entsprechend zu handeln, sind sicherlich die ersten Schritte zu unserer Reife."[24]

„Die besten Entschlüsse scheinen die zu sein, die wir aufgrund unseres eigenen Urteils und unserer eigenen Intuition fassen. Denn wir müssen mit unserer Entscheidung leben, nicht jene, die uns dabei geholfen haben."[25]

Bis ich endlich so weit war, daß ich für mich selbst entscheiden konnte, dauerte es eine Weile. Indem ich mich selbst beobachtete, lernte ich auch andere beobachten: Ich stellte fest, daß viele Menschen ähnliche Schwierigkeiten hatten. Ein Jugendfreund zum Beispiel hatte, solange ich ihn kannte, Probleme, Entscheidungen zu treffen: Beim Kauf eines Hemdes wußte er nicht, welche Farbe er nehmen sollte; im Restaurant war er unschlüssig, welches Gericht er sich bestellen sollte, und er wußte auch nicht, welchen Beruf er ergreifen sollte. Bis heute weiß er nicht, was er will. Über jede Kleinigkeit denkt er lange nach. Er ist nun schon vierzig und nach unglücklichen Beziehungen zu unzähligen Frauen noch immer ledig, außerdem arbeitslos und häufig in Kneipen anzutreffen. Als ich ihm zuletzt begegnete, war er verbittert und vom Leben enttäuscht.

Es gibt auch Menschen, die Angst vor Entscheidungen haben und sie deshalb vor sich herschieben. Dieses Verhalten führt aber zu noch mehr Schwierigkeiten, denn lösen wir unser Problem nicht zur erforderlichen Zeit, so stehen wir bei nächster Gelegenheit wieder davor. Außerdem ist zu bedenken: Sind wir nicht in der Lage, selbst zu entscheiden, wird die Umwelt uns ständig manipulieren.

Wenn man nie gelernt hat, eigene Entscheidungen zu treffen, dann fällt es einem schwer, sich in einer bestimmten Situation zu einer Meinung oder Entscheidung durchzuringen. Aber dies ist nur eine Sache der Übung und Gewohnheit. Dabei sollte man mit kleinen Schritten anfangen, alle Grundsätze des positiven Denkens zu befolgen. Wenn größere Probleme auftauchen, ist es damit leicht, auch diese zu lösen. Sie werden merken, wieviel Freude und Befriedigung Sie dabei empfinden, Ihr Leben selbst zu gestalten.

Ich selbst begann auch mit kleinen Schritten, bis ich mir größere zutraute. Die größte Entscheidung meines Lebens traf ich vor etwa 3 Jahren, als ich erkannte, welche Fehler ich bisher in meiner Ehe gemacht hatte. Ich entschloß mich, zu meinem Mann zurückzukehren und ein neues, harmonisches Familienleben aufzubauen. Bis jetzt habe ich es nicht bereut.

Ratschläge:

▪ Nehmen Sie sich täglich eine Viertelstunde Zeit, und überlegen Sie beim Planen des nächsten Tages, welche Entscheidungen Sie zu treffen haben.

▪ Zum Lernen sollten Sie an ganz alltäglichen Dingen üben, Entscheidungen zu fällen.

▪ Wenn Sie Kinder haben, lassen Sie sie in eigenen Angelegenheiten, soweit dies möglich ist, selbst entscheiden. Ein Kind kann nur durch eigene Erfahrung lernen.

▪ Beeinflussen Sie sich immer positiv! Sagen Sie sich selbst:
  – „Ich bin sicher, daß ich mich richtig entscheide", oder
  – „Endlich habe ich gelernt, im richtigen Moment die richtige Entscheidung zu treffen."

▪ Kleine Probleme lassen sich meist leicht lösen. Sich darüber den Kopf zu zerbrechen führt zu nichts. Überschlafen Sie es; am nächsten Morgen fällt Ihnen dann bestimmt die richtige Lösung ein.

---

[24] Carnegie, Dorothy: Das Leben meistern. Verlag Lebendiges Wort, Pohlheim-Dorf Güll

[25] Stevens, Peter H.: Es gibt immer einen Ausweg. Moderne Verlagsgesellschaft, München. Seite 89

■ Haben Sie in bestimmten Situationen noch keine Erfahrungen, so lassen Sie sich von Erfahrenen beraten. Hören Sie deren Meinung an, aber entscheiden Sie selbst nach eigener Überzeugung für Ihre Lage, und handeln Sie dann entsprechend.

„Holen Sie nicht ständig Rat ein. Sie können zwar in manchen Fällen nicht auf die Beratung von Spezialisten, Ärzten, Rechtsanwälten verzichten, doch wenn Sie ständig von Kollegen, Verwandten usw. Rat einholen, schaden Sie nur Ihrem Ansehen. So werden Sie nie selbständig. Nur durch eigenes verantwortliches Handeln aber können Sie Selbstvertrauen erlangen."[26]

Denken Sie daran, daß jede Entscheidung für etwas auch Verzicht auf etwas anderes mit sich bringt:
- Ein Fischgericht zu bestellen heißt, auf Fleisch zu verzichten.
- Ein Urlaub am Meer läßt den in den Bergen nicht zu.
- Ein Kind zu haben bedeutet, Verantwortung zu übernehmen und auf Freiheiten zu verzichten.

Entpuppt sich Ihre Entscheidung im nachhinein als Fehler, so war sie aber immerhin in dem Moment, als Sie sie fällten, richtig. Später darüber zu jammern und zu klagen wäre fehl am Platze. Lernen Sie statt dessen aus Ihren falschen Entscheidungen.

---

[26] Ryborz, Heinz: Die Kunst zu überzeugen. Ariston Verlag, München. Seite 82

Nehmen Sie sich Zeit, und nutzen Sie diese sinnvoll

„Verschwendete Zeit ist Dasein,
Nutzbringende Zeit ist Leben!"

(E. Young)

„Du bist es wert, daß Du Dir Zeit nimmst für Dich und Dein Leben. Eile nicht an Dir selbst vorbei, sonst wirst Du Dich niemals finden."[27]

Die Anwendung dieses Grundsatzes ist mir besonders schwer gefallen, denn ich war eine rast- und ziellose Frau, abhängig von der Umwelt. Da ich Angst vor einem leeren Haus und vor Einsamkeit hatte, flüchtete ich mich in ein betriebsames Leben. Ohne echte eigene Interessen zu haben, machte ich mit, was andere unternahmen, und fehlte bei keiner Unterhaltung. Meine Unruhe trieb mich in viele sinnlose Zerstreuungen,

– um nur nicht allein zu sein,
– um ja keine Langeweile zu haben,
– um die nicht verplante Zeit möglichst mit Unterhaltung und Ablenkung auszufüllen.

Massenweise lud ich Freunde und Bekannte ein, damit immer Trubel herrschte. Hatte ich nichts Besseres vor, so rief ich irgend jemanden an und schwatzte über belanglose Dinge. War niemand zu Hause, füllte ich die Zeit mit Fernsehen, Nachbarsbesuchen und mit Lektüre von Illustrierten aus. Ich kam nie auf die Idee, ein Buch zu lesen, über eigene Interessen nachzudenken oder mich mit meiner eigenen Person zu beschäftigen. Wie dumm ich doch war! Ich habe meine Zeit wahrhaft verschwendet.

Jedem von uns ist genügend Zeit für sich gegeben. Der eine nutzt sie sinnvoll, um eigene Wünsche zu erfüllen oder um gesteckte Ziele zu erreichen, was zufrieden stimmt. Der andere nutzt die Zeit für beliebige Dinge, weil er nichts Besseres vorhat. Er kennt seine Ziele und Wünsche nicht, und so vergeudet er seine Zeit. Daraus er-

---

[27] Körner, Heinz: Johannes. Lucy Körner Verlag, Fellbach. Seite 98

wachsen Unzufriedenheit und negatives Denken.

Nachdem mir meine falsche Lebenseinstellung klar wurde, beschloß ich, den Empfehlungen der Selbsthilfebücher zu folgen und meine Zeit sinnvoll einzusetzen. Nach vielen unglücklichen Jahren setzte ich mir das Ziel, Harmonie in mein Leben zu bringen. Dazu mußte ich meine Gewohnheiten ändern. Zunächst nahm ich mir vor, die Probleme, die ich mit der Erziehung meiner Kinder hatte, endlich zu lösen. Ich kaufte ein gutes und verständliches Erziehungsbuch und las intensiv darin. Wichtige Stellen schrieb ich mir ab oder unterstrich sie. Meine theoretischen Kenntnisse setzte ich nachmittags in die Praxis um, wenn die Kinder aus der Schule kamen. Schon nach 4 Wochen bemerkte ich die ersten Fortschritte. Die täglichen Reibereien gehörten allmählich der Vergangenheit an; jeder Tag brachte große und kleine Erfolge. Das Verhalten der Kinder änderte sich zum Guten, und unser gegenseitiges Verhältnis wurde immer besser. Nach etwa einem halben Jahr hatte sich eine relativ harmonische Familienatmosphäre eingestellt, und ich bekam noch dazu einen Einstieg in die Psychologie, die mir half, meine Kinder besser zu verstehen. Die Freude, die mich erfüllte, muß ich nicht beschreiben.

Da schwor ich, mir für meine Vorhaben stets Zeit zu nehmen und sie sinnvoll zu nutzen. Seitdem sind fast 3 Jahre vergangen. Ich habe mich in dieser Zeit mehr entwickelt als in den 15 Jahren zuvor.

Wir alle haben Wünsche, die wir uns gerne erfüllen würden, die wir aber beiseite schieben, weil wir es entweder als egoistisch betrachten, Zeit für sich selbst zu nehmen, oder nicht an die Erfüllung des Wunsches glauben. Andererseits aber haben wir auch Angst davor, unsere Wünsche zu verwirklichen. Es fällt uns schwer, unsere Gewohnheiten zu ändern.

In der Sauna sprach ich einmal mit einer Frau, die sich darüber beklagte, keine Zeit für sich selbst zu haben: „Ich würde viel dafür geben, wenigstens 1 Stunde pro Tag für mich zu erübrigen." – „Wieso?" wandte ich ein. „Sie sind doch Hausfrau und können sich Ihre Zeit so einteilen, wie Sie wollen. Von den 24 Stunden des Tages können Sie sicherlich 1 Stunde für sich selbst erübrigen." Darauf meinte sie: „Ja, aber morgens, wenn meine Familie aus dem Hause geht, habe ich erst Ruhe, wenn der Haushalt in Ordnung ist. Einkaufen, Besorgungen machen und Kochen folgen anschließend. Und dann kommen die Kinder mit ihren Hausaufgaben und abends mein Mann. Als Hausfrau ist man ständig auf Trab." Ich erklärte ihr, daß sie wie jeder andere auch durch einen Tagesplan und durch Gewohnheitsveränderungen Zeit gewinnen und sich deshalb wenigstens eine Stunde täglich ungestört ihren persönlichen Dingen widmen könnte. Berufstätige Frauen und Männer werden dafür eher am Abend nach der Arbeit Zeit haben, Hausfrauen wahrscheinlich eher am Morgen, wenn die Familie außer Haus ist.

Bei einem anderen Bekannten war es die Einsamkeit, die ihn hinderte, seine Vorhaben allein auszuführen. Obwohl er genügend Zeit hatte, fehlte ihm die Lust, die Aktivitäten, die ihm Spaß machten, alleine auszuüben. Als auch seine Freunde keine Lust dazu hatten, ließ er seine Pläne schnell wieder fallen.

Es ist ganz gleich, was Sie vorhaben und ob Sie Zeit benötigen, um

– einen Brief zu schreiben,
– ein Buch zu lesen,
– etwas zu basteln,
– zu meditieren,
– zu musizieren oder
– an der eigenen Weiterentwicklung zu arbeiten,

aber geben Sie Ihre Ziele nicht auf! Beginnen Sie, Ihre Tage zu planen, und vergessen Sie die 1 Stunde für Sie selbst nicht, in der Sie sich vollkommen Ihren Interessen widmen können.

Das können Sie erreichen, indem Sie Ihre Gewohnheiten ändern. Wenn Sie zum Beispiel eine Woche lang jeden Abend 1 Stunde später zu Bett gehen oder morgens früher aufstehen, dann ist daraus bald eine Gewohnheit geworden. Die gewonnene Zeit können Sie nutzen, um Ihre selbstgesteckten Ziele zu erreichen. Auf diese Weise haben Sie bereits 365 Stunden im Jahr für Ihre eigenen Bedürfnisse! Stellen Sie sich vor, was Sie in dieser Zeit alles unternehmen können. Die innere Ruhe und die Zufriedenheit, die Sie daraus gewinnen, strahlen Sie auf Ihre Familie, Ihre Kollegen und Freunde aus: Sie werden sich von Ihnen angezogen fühlen. Menschen, die sich keine Zeit für sich selbst nehmen, sind enttäuschte und unzufriedene Menschen. Sie verhalten sich in ihrer Umwelt negativ und stoßen andere von sich ab.

„Liebst Du das Leben, so verschwende keine Zeit,
Denn aus ihr besteht Dein Leben."
(B. Franklin)

So wie Sie Zeit für sich brauchen, sollten Sie auch anderen diese Zeit gönnen. Zum Beispiel werden Sie auch Verständnis dafür aufbringen, daß Ihr Partner nach der Arbeit ein wenig Zeit für sich benötigt, um auszuspannen. Wie oft habe ich Frauen enttäuscht sagen hören: „Wenn mein Mann nach Hause kommt, greift er als erstes zur Zeitung."

Dies ist kein Grund, beleidigt zu sein. Gönnen Sie Ihrem Mann die Ruhe, wenn er sie braucht. Jeder von uns braucht Ruhe. Er wird danach von selbst zu Ihnen kommen und ein Gespräch beginnen.

Geben Sie Ihrem Körper, Ihrem Geist und Ihrer Seele die Zeit, die sie benötigen, um sich zu regenerieren oder um zu sich selbst zu kommen. Der eine erlangt seinen Frieden, indem er Schiffe bastelt, der andere, indem er 5000 Meter läuft oder Zeitung liest.

Wenn Sie sich Zeit für sich selbst nehmen, werden Sie zufriedener sein und auch Zeit für andere haben. In der heutigen hektischen Welt können Sie anderen nichts Schöneres als Zeit schenken.

Ratschläge:

- Denken Sie über Ihre Interessen nach, und setzen Sie sich Ziele.
- Ändern Sie Ihre Gewohnheiten.
- Machen Sie täglich einen Tagesplan, und tragen Sie 1 Stunde Zeit für sich ein, in der Sie sich ungestört Ihren persönlichen Bedürfnissen, Interessen und Zielen widmen können.
- Nutzen Sie Ihre Vorstellungskraft: Stellen Sie sich vor, wie Sie sich jeden Tag Zeit für sich und Ihre diversen Ziele nehmen und daran arbeiten, diese zu verwirklichen. Denken Sie daran: Ihre Vorstellungskraft führt Sie.
- Eine tägliche Meditation von 10 bis 15 Minuten verleiht Ihnen innere Ruhe.

Jeder von uns ist allein

„Freunde, die zählst Du in Mengen,
Solange Dir das Glück noch hold ist.
Doch sind die Zeiten umwölkt,
Bist du verlassen, allein."

„Du hast gesehen, daß Du nur Du bist, nicht mehr und nicht weniger. Du weißt, daß Du nur jetzt und hier lebst. Doch es ist nicht so leicht, wie es geschrieben steht. Denn leichter ist es, auf andere zu hören und den eigenen Weg zu verfehlen. Doch Du bist allein, und alle Dinge Deines Lebens mußt Du alleine tun. Deshalb ist Dein Weg für Dich wichtig, und Du mußt nur auf Dich hören, hier und jetzt."[28]

Obwohl die Welt voller Menschen ist, ist jeder Mensch also allein. Dieses Alleinsein ist eine Realität, vor der ich früher geflüchtet bin. Anfangs ertrug ich diesen Gedanken nicht, weil ich Angst hatte, mich nicht beschäftigen zu können; ich vermochte nur auf andere zu reagieren, aber mit mir selbst ein Zwiegespräch zu führen, auf mich zu hören, das hatte ich nie gelernt. Und so wie mir ergeht es wohl vielen Menschen.

Damit Sie sich von solchen Gedanken befreien können, wenn sie Ihnen auch schon gekommen sind, möchte ich folgendes zu bedenken geben: Wie eingangs erwähnt, besteht unser Dasein aus einem Entwicklungsprozeß, der bis zu unserem Tode dauert. Ständig werden wir mit Problemen konfrontiert, die wir lösen müssen. Wir sollten diese Schwierigkeiten im Leben nicht aber als Strafe oder Schicksalsschläge betrachten, sondern als Möglichkeit, daran zu reifen. Jedes gelöste Problem läßt uns weiterkommen in unserer Entwicklung.

Meiner Meinung nach sind wir meist selbst die Ursache unserer Probleme. Wir selbst legen uns die Steine in den Weg. Warum, werden die meisten fragen. Es sind falsche Erwartungen, falsche Gedanken und falsches Verhalten, die zu Problemen führen.

---

[28] Körner, Heinz: Johannes. Lucy Körner Verlag, Fellbach. Seite 100

Fast alle Schwierigkeiten rühren daher, daß wir nicht gelernt haben, uns selbst zu erkennen, uns Ziele zu setzen, unserem Leben eine Richtung zu geben, uns mit uns selbst zu beschäftigen, wenn wir allein sind, und mit unserem eigenen Ich in Frieden zu leben. Kurz: Wir machen uns von der Umwelt abhängig. Dies wird uns dann selbst zum Verhängnis.

„Nur wenn wir allein sein können, ohne uns dabei einsam oder verloren zu fühlen, sind wir wirklich frei. Wenn wir permanent in Geselligkeit fliehen, um uns von unseren Gedanken abzulenken, sind wir Gefangene unserer Gedanken. Jede Flucht ist ein Zeichen von Unfreiheit."[29]

Nachdem ich die Wahrheit, daß wir im Grunde allein sind, anerkannt hatte, begann ich, meinen Mann zu bewundern, weil er im Gegensatz zu mir stundenlang alleine sein konnte. Sein Hobby füllte ihn so aus, daß er auf andere nicht angewiesen war. Früher glaubte ich, er wäre ein langweiliger Egoist, der kein echtes Glück kenne; erst später merkte ich, daß er der Glücklichere war, weil er das für sich Richtige tat. Ich hatte mich also gewaltig geirrt. Jede Enttäuschung, jeden Schmerz, jede Krankheit müssen wir alleine überwinden. Wenn wir jemanden zur Seite haben, können wir uns glücklich schätzen, aber unsere Krisen müssen wir letztlich alleine überstehen. Sie brauchen deshalb aber gar nicht auf Urlaub und Gesellschaft oder auf Kontakte Ihrer Mitmenschen zu verzichten; im Gegenteil, freuen Sie sich an ihnen. Nur seien Sie sich bewußt, daß Sie Ihren eigenen Lebensweg gehen müssen mit allen möglichen Problemen, die Sie selbst zu bewältigen haben; niemand kann Ihnen dabei helfen. Wenn Sie sich unterstützen lassen, so werden Sie im Grunde in ihrer Entwicklung behindert. Denn wird Ihnen auch beim nächsten Problem jemand zur Seite stehen?

Es ist nicht einfach, sich mit diesem Sachverhalt abzufinden, wie ich aus eigener Erfahrung weiß. Nehmen Sie die Tatsache zunächst einmal zur Kenntnis, und nähern Sie sich dieser Wahrheit langsam. Machen Sie sich auch diesen Grundsatz allmählich zu eigen. Rufen Sie ihn ins Gedächtnis, wenn es Schwierigkeiten gibt.

Den folgenden Satz habe ich mir eingeprägt, um das Alleinsein zu überwinden. „Ich bin nicht allein, ich habe doch mich." Merken auch Sie sich diesen Satz, denn er kann Sie zur Realität zurückbringen.

Erst wenn wir keine Angst vor dem Alleinsein mehr haben, sind wir wirklich frei. Solange wir uns an andere klammern aus Angst, allein gelassen zu werden, bleiben wir ein Sklave der Mitmenschen. Jeder, der sich an einen anderen Menschen zu klammern versucht, verhält sich negativ. Lassen Sie die anderen los, sonst könnten Sie sie verlieren.

„Wir lernen durch Enttäuschung, daß wir auf keinen Menschen Anrecht haben, daß wir keinen anderen besitzen können, auch nicht unseren Lebenspartner oder unsere eigenen Kinder. Auch wenn sie uns anvertraut sind, unser Besitztum sind sie nicht. Jedes Besitzdenken muß zur Enttäuschung führen."[30]

Ratschläge:

- ◾ Allein sein zu können ist eine Gewohnheit. Üben Sie, alleine zu sein.
- ◾ Setzen Sie sich Ziele, und nehmen Sie sich vor, diese allein und nacheinander zu verwirklichen.
- ◾ Nutzen Sie Ihre Phantasie, und stellen Sie sich vor, wie Sie sich alleine beschäftigen und Ihre Aufgaben erledigen können.
- ◾ Meditieren Sie!
- ◾ Kommt Ihnen das Gefühl des Alleinseins, dann denken Sie an folgende Aussagen:

Wir besitzen das Wertvollste – nämlich uns selbst. Auch wenn wir die Welt verlieren, uns selbst können wir niemals verlieren. Unser Ich und unser Körper sind eine Einheit, gehören uns ganz alleine. Keiner kann uns unser Ich rauben, außer wenn wir es selbst tun, indem wir uns unseres wahren Wertes nicht bewußt werden. In den meisten Fällen sind wir es selbst, die uns schädigen, und zwar durch unser negatives Denken.

---

[29] Lauster, Peter: Die Liebe. Econ Verlag, Düsseldorf. Seite 116

[30] Wallimann, Silvia: Lichtpunkt. Bauer Verlag, Freiburg. Seite 57

Verlassen Sie sich nicht auf andere

„Verlaß Dich nicht auf Menschen,
Ihr Ja ist oft ein Nein,
Verläßt Du Dich auf Menschen,
Wirst Du verlassen sein."

Seit mehreren Jahren leite ich Kochkurse an der Volkshochschule (VHS). In einem der Kurse lehrte ich die mexikanische Küche. Meine Gruppe, mit der ich besonders gut zurechtkam, bestand aus 10 Personen, die auch untereinander schnell Kontakte knüpften. So herrschte eine nette Atmosphäre an den Kursabenden.

Einmal fragte mich jemand, warum ich als Inderin keine Kurse für indische Küche leite. Ich erwiderte, daß ich es schon mehrmals angeboten hätte, daß aber niemand Interesse gezeigt habe. Die indische Küche sei unbekannt, und außerdem glaubten die meisten, daß deren Gerichte zu scharf seien. Daraufhin versprachen alle Teilnehmer, im Frühjahr einen Kurs der indischen Küche zu belegen, wenn ein solcher unter meiner Leitung angeboten werde. Über dieses Interesse freute ich mich sehr, denn indische Speisen konnte ich natürlich am allerbesten zubereiten. Außerdem würde ich meinen Teilnehmern eine Menge über mein Land erzählen können.

Ich sorgte also dafür, daß ein Kursus für indische Küche in das VHS-Programm aufgenommen wurde. Als es im Frühjahr soweit war und der Kurs beginnen sollte, kam kein einziger von den angekündigten Teilnehmern, nur drei andere Interessierte hatten sich eingefunden; jedoch konnte der Lehrgang so nicht stattfinden. Ich war sehr enttäuscht. Mehrere Wochen waren nötig gewesen, um die Rezepte zu schreiben und den Unterricht vorzubereiten; abgesehen davon hatte ich mich gefreut, die alten Kursteilnehmer wiederzusehen. Dieses Ereignis ist mir unvergeßlich geblieben. Aber solche Niederlagen können helfen, um daraus zu lernen.

Wie leicht verspricht man etwas, wenn man in Gesellschaft ist oder mit einer Clique zusammensitzt; man ißt und trinkt, ist heiter und fröhlich, und man sagt viele Dinge, die man selber nicht so ernst nimmt. Ist der nüchterne Alltag wieder da, wird man von den täglichen Pflichten eingenommen, dann vergißt man teilweise, was man anderen versprochen hat. Sicherlich ist Ihnen das auch schon manchmal passiert. Meistens sind die Menschen mit den eigenen Problemen so beschäftigt, daß sie gar keine Zeit haben, sich um Probleme anderer zu kümmern, Erwartungen zu erfüllen oder Versprechungen zu halten.

„Verläßt du dich auf andere, bist zu verraten und verkauft", sagte mein Mann kürzlich, als er vergeblich auf jemanden wartete. Und wer erlebte es noch nicht, daß ihm etwas zugesagt wurde, was letztlich niemand einhielt? Wir könnten uns manchen Ärger und Kummer ersparen, wenn wir lernen würden, diese Tatsache zu akzeptieren, uns darauf einzustellen und danach zu handeln. Ich meine damit nicht, man solle Schlechtes von anderen denken. Es ist nur falsch, sich 100prozentig auf andere zu verlassen.

Es gibt nur ganz wenige Menschen, die absolut zuverlässig sind, aber auch diese sind eben nur Menschen. Auch sie können an höheren Gewalten scheitern und den Erwartungen anderer deshalb nicht nachkommen; gemeint sind Streß im Dienst, eigene Probleme, wichtige Aufträge oder gar Unfälle.

Ratschläge:

■ Entwickeln Sie Humor, wenn jemand nicht so handelt, wie Sie es wünschen.

■ Wenn jemand etwas für Sie erledigen soll, müssen Sie dies gemeinsam besprechen und beschließen.

■ Wenn Freunde und Verwandte etwas vergessen, ärgern Sie sich nicht, sondern sehen Sie darüber hinweg. Solche Unvollkommenheiten sind menschlich. Seien Sie nachsichtig! Toleranz und Verständnis sind für das eigene seelische Gleichgewicht sowie für ein harmonisches Zusammenleben unbedingt erforderlich.

■ Verlassen Sie sich nicht auf die Meinung anderer, sondern entscheiden Sie selbst.

■ Rechnen Sie damit, daß die Dinge manchmal nicht so laufen, wie Sie es wollen oder wünschen. Bauen Sie Ihre Erwartungen ab. Wenn etwas schiefgeht, nehmen Sie es leicht.

■ Arbeiten Sie daran, selbst zuverlässig zu sein, damit andere keinen Grund haben, Ihnen im Krisenfall den Vorwurf der Unzuverlässigkeit zu machen.

Wir leben im Augenblick – hier und jetzt

„Du lebst jetzt und hier, nicht gestern oder morgen, auch nicht hinter den Bergen oder weit über dem Meer."[31]

Unser Geist hat zwei Eigenschaften: Er ist raum- und zeitlos. Das heißt, er kann sich von Zeit und Raum lösen, was der Körper nicht kann. Unser Geist kann jederzeit überall sein. Sie können also mit der Kraft Ihrer Gedanken in diesem Augenblick in Amerika und im nächsten bei der Nachbarin sein. Außerdem sind wir ständig dabei, unsere Gedanken in die Vergangenheit und Zukunft schweifen zu lassen. Lernen wir nicht, unseren Geist bei diesen Ausflügen unter Kontrolle zu halten, dann belasten wir uns enorm.

An einem Beispiel demonstrierte ich Ihnen diesen Vorgang: Nehmen wir an, Sie seien im Haus beschäftigt. Plötzlich fällt Ihnen ein, was eine Bekannte neulich sagte. Sogleich beginnen Ihre Gedanken zu wandern. Sie denken: „Frau Walter hatte etwas von einem Kleid erzählt, das sie selbst genäht hatte. Und Frau Müller wollte es auch nähen. Ich kann mir nicht vorstellen, daß es ihr steht. Tannengrün hatte sie gesagt, so ein ähnliches Kleid habe ich auch einmal gehabt. Schade, daß ich es weggeworfen habe. Mutti hatte es genäht. Sie konnte so gut nähen. Was hatte sie nicht alles getan, um uns Kindern unsere Wünsche zu erfüllen. Ich habe mich ihr gegenüber schlecht benommen. Ich habe nur an mich gedacht und ihr zu wenig Zeit gewidmet. Nun ist sie tot. Ich weiß noch, wie sie damals geweint hat, weil ich eine Fünf im Zeugnis hatte und Vater so sehr mit ihr schimpfte. Anstatt sie zu trösten, war ich auch noch beleidigt. Wie herzlos, wie taktlos …"

Ihre Arbeit ist inzwischen vergessen, Ihre Gedanken sind unkontrolliert von einem Thema zum nächsten weitergewandert und haben sich bei irgendwelchen Problemen festgefahren.

[31] Körner, Heinz: Johannes. Lucy Körner Verlag, Fellbach. Seite 100

Dasselbe geschieht oft auch, wenn man seine Gedanken in die Zukunft schweifen läßt, und was die Vergangenheit betrifft, so geht es Ihnen nicht anders. Statt mit dem Schicksal zu hadern, sollten wir aber aus unseren Fehlern lernen. Tun wir dies nicht, ist unsere weitere Entwicklung blockiert. Wenn Sie Autofahren wollen, müssen Sie erst lernen zu steuern. Wenn Sie glücklich leben wollen, müssen Sie lernen, Gedanken zu steuern. Vergleichen wir das Leben mit dem Straßenverkehr, und sehen wir die Gedanken darin als Fahrzeug, das gelenkt werden muß. Wer im Straßenverkehr unaufmerksam steuert, fährt irgendwann in den Abgrund. Wer im Leben seine Gedanken nicht steuert, erleidet viel Unglück und viele Mißerfolge.

„Unsere Fehler und Schwächen sollten uns nicht mutlos machen. Wir sollten einerseits zu ihnen stehen, sie als Teil von uns erkennen und annehmen und andererseits unabhängig an uns arbeiten, um sie zu überwinden. Was die Zukunft anbelangt, so ist kein Mensch in der Lage, die Aufgaben und Pflichten von Monaten und Jahren im voraus zu bedenken, ohne von dieser Last erdrückt zu werden. Warum sollten wir uns heute mit eventuellen Sorgen der Zukunft belasten? Wir wissen ja nicht, ob sie Realität werden?"[32]

„Wer auf das Morgen hofft und vom Gestern träumt, erfüllt damit alle Erfordernisse, um der Realität des Heute aus dem Wege zu gehen."[33]

„Es gibt nur einen Augenblick, in dem wir leben, den jetzigen. Und das ist die einzige Zeit, die uns gegeben ist, um glücklich zu sein."[34]

---

[32] Carnegie, Dorothy: Das Leben meistern. Verlag Lebendiges Wort, Pohlheim-Dorf Güll

[33] Kirschner, Josef: Hilf dir selbst, sonst hilft dir keiner. Droemer Verlag, München.

[34] Schindler, John A.: Die Heilkraft des seelischen Gleichgewichts. Biederstein Verlag, München. Seite 121

Leider haben die meisten Menschen die Gewohnheit, aufgrund der Erfahrungen ihrer Vergangenheit, sich um ihre Sicherheit zu ängstigen, um den Arbeitsplatz zu bangen und in der Zukunft nur Bedrohung zu sehen. Wir alle lassen uns fast immer zu sehr von der negativ denkenden Umwelt beeinflussen.

Wir erzeugen selbst die Angst und vergessen so den glücklichen Augenblick, in dem wir jetzt leben. Wir haben kein Vertrauen und stoßen mit unseren negativen Gedanken das Glück von uns weg.

Jeder von uns besitzt die Fähigkeit, Gedankenkontrolle zu üben. Nur weiß nicht jeder, wie er dieses Ziel erreichen soll. Hier sind einige Übungen, die mir geholfen haben, im Augenblick zu leben.

Ratschläge:

■ Lernen Sie die folgenden Sätze auswendig, und denken Sie jeden Morgen an ihre Aussage: Für mich ist dieser Augenblick der wichtigste. Alles, was ich sonst noch zu tun habe, steht in meinem Tagesplan. Ich brauche mich nicht zu beunruhigen.

■ Machen Sie abends einen Tagesplan, und handeln Sie Schritt für Schritt danach. Denken Sie dabei an eine Treppe, die Sie Stufe für Stufe hinaufgehen. Werden Sie aus alter Gewohnheit wieder unruhig, weil die Vergangenheit oder Zukunft Sorgen macht, so sagen Sie sich: „Ruhig bleiben! Meine Aufgabe ist hier und jetzt."

„Warum irrst Du, o Herz, umsonst umher?
So ruhe doch irgendwo aus!
Wie alles sich von selbst gestaltet,
So wird es, nicht anders.
Des Vergangenen sollst Du nicht gedenken
Und auch über das Zukünftige dir keine
Gedanken machen:
Genieße die Freuden, die unerwartet gehen und kommen."

(Indische Weisheit) **51**

Regen Sie sich nicht über alltägliche Kleinigkeiten auf

„Denk stets, wenn Dir etwas nicht gefällt,
Es währt nicht ewig auf dieser Welt.
Der kleinste Ärger, die größte Qual
Sind nicht von Dauer, sie enden mal.
Drum sei Dein Trost: Was immer sei,
In 50 Jahren ist alles vorbei."

Die Wasseroberfläche ist glatt, wenn kein Wind weht. Kommt ein kleiner Wind auf, entstehen kleine Wellen; bei großem Wind gibt es große Wellen, und bei starkem Wind entstehen Sturm und Orkan. Legt sich der Wind, ist das Wasser wieder glatt. Ähnlich wie in diesem Bild machen viele Menschen viel Wind um nichts und verursachen dadurch einen Sturm in der eigenen Umgebung, der vieles zerbricht. Meist sind solche Stürme sinnlos und überflüssig. Sie fügen uns selbst und anderen nur Schaden zu, anstatt nützlich zu sein.

Herr Klose zum Beispiel war ein Mann, der sich ständig über jede Kleinigkeit aufregte. Man kannte ihn nur mit wütendem Gesichtsausdruck: Er schrie die auf der Straße spielenden Kinder an, weil deren Federball in seinen Garten geflogen war, beklagte sich in der Gemeinde, weil sein Nachbar die Straße nicht fegte, ärgerte sich über seinen Sohn, wenn dieser spät nach Hause kam, und schimpfte mit seiner Frau, weil sie die Treppe nicht geputzt hatte. Herr Klose schrie auch mich einmal an, weil ich vergessen hatte, ihn zu grüßen. Obwohl dieser Mann sehr robust aussah, starb er mit 59 Jahren. Sein Leben bestand aus viel Ärger und viel Wind um nichts. So hatte er sich selbst durch sein negatives Handeln ein frühes Grab geschaufelt.

Man hat herausgefunden, daß die Hälfte aller Patienten sich den Weg zum Arzt ersparen könnte, wenn sie positiver leben würden. Viele Krankheiten haben seelische Ursachen, und die betroffenen Patienten leiden an den Nichtigkeiten des Lebens. Sie ärgern sich permanent über Kleinigkeiten, was ihre Gesundheit schwächt. So entstehen Magengeschwüre, Kopfschmerzen,

Müdigkeit, Schwindelgefühle, Blähungen und Schmerzen aller Art. Manchmal ist sogar der Tod die Folge.

Ich habe schon oft beobachtet, wie Menschen wegen irgendwelcher Lappalien die ganze Umwelt in Aufregung versetzten:

– Der Mann schimpft, weil er seinen Hammer nicht finden kann.

– Die Mutter schreit ihr Kind an, weil es sein Milchglas umgekippt hat.

– Manche ärgern sich, weil der Bus oder der Zug sich um zwei Minuten verspätet hat.

– Manche schimpfen über das Fernsehprogramm, über das Wetter, über den Schnee von gestern.

– Und wieviel Geschrei und übles Gerede gibt es erst im Autoverkehr!

Es ist unvorstellbar, wieviel Energie verschwendet wird auf Situationen, die man ohnehin nicht ändern kann. Diese negativen Energien, die wir in uns aufkommen lassen, sind schädlich. Denn sie zerstören uns und andere.

Zugegeben, es ist nicht schön, wenn im Alltag manches nicht so läuft, wie wir es wünschen. Aber sich ständig darüber aufzuregen ist ein Zeichen für die fehlende Erkenntnis, daß diese Kleinigkeiten durchaus ihren Sinn haben. Sie sind nötig, damit wir das Leben als ganzes zu meistern lernen, denn wir können keine großen Probleme lösen, wenn wir nicht zuerst die kleinen bewältigen, und wir können keine großen Entscheidungen treffen, wenn wir uns nicht an den kleinen erprobt haben. Erst wenn wir gelernt haben, mit den Kleinigkeiten fertig zu werden, sind wir zum glücklichen Leben fähig. Wer das Leben meistern will, muß die positiven Grundsätze der Toleranz lernen und sie in seinem Alltag anwenden.

Richten wir uns nicht nach diesen Grundsätzen, müssen wir mit Schwierigkeiten rechnen.

„Oft lassen wir uns durch nichtige Dinge, die wir kaum beachten und sofort vergessen sollten, aus dem Gleichgewicht bringen. Hier sind wir auf dieser Erde, haben nur noch wenige Jahrzehnte vor uns, und doch gehen wir mancher unersetzlicher Stunde verlustig, weil wir über Mißlichkeiten nachbrüten, an die übers Jahr weder wir selbst noch andere mehr denken werden."[35]

Wenn ich heute an die vielen Situationen in meinem Leben denke, in denen ich negativ handelte, muß ich schmunzeln. Wegen völlig nichtiger Dinge hatte ich damals soviel Wind gemacht, daß die ganze Familie darunter litt. Über manche Dummheiten kann ich heute nur lachen. Wie leer muß mein Leben damals gewesen sein! Seit 3 Jahren bin ich mit dem Ausführen meiner Ziele und Pläne so beschäftigt, daß mir diese Nebensächlichkeiten gar nicht mehr störend auffallen. Wenn der Mensch sich über Nichtigkeiten aufregt, ist das ein sicheres Zeichen dafür, daß es ihm an wichtigen Zielen fehlt. Sein Leben ist inhaltslos, langweilig und leer. Er hat keine Pläne, keine persönlichen Interessen. Hätte er diese, so wäre ihm der Kleinkram gleichgültig.

Ratschläge:

■ Setzen Sie sich Ziele! Tun Sie dann alles, um sie zu erreichen, und alles, was damit nichts zu tun hat, lassen Sie außer acht.

■ Lernen Sie die positiven Grundsätze.

■ Meditation hilft Ihnen, Ausgeglichenheit und innere Ruhe zu erlangen, die zum Erreichen Ihrer Ziele notwendig sind.

---

[35] Carnegie, Dale: Sorge dich nicht, lebe! Scherz Verlag, München. Seite 82

Passen Sie sich Ihren Mitmenschen an

„Jeder Mensch ist eine andere Welt,
Da hilft nur eins:
Die Brücke der Liebe."

„Es ist die Fähigkeit, auf engem Raum mit jemand zusammenleben zu können, die eine reife Persönlichkeit auszeichnet."[36]
„Denken Sie an das Schicksal so mancher genialer Persönlichkeit, die nur deshalb scheiterte, weil sie mit ihrer Umwelt nicht zurechtkam."[37]
In meiner Krisenzeit ließen mir diese Worte keine Ruhe. Sie veranlaßten mich, über meine Lage sehr scharf nachzudenken. Meine Ehe war gescheitert, mit der Kindererziehung hatte ich Schwierigkeiten, mit der Schwiegermutter Streit und mit der Mutter Meinungsverschiedenheiten. Alles lief schief! Hatte ich diese Schwierigkeiten herausgefordert? War ich schuld, weil ich mich nicht anpassen konnte? Ich mußte an meine Freundin Margarita denken – wie glücklich sie immer aussah! Trotz ihres sehr andersartigen Ehemannes führte sie eine harmonische Ehe. Sie kam gut mit ihren Kindern aus, sie hatte ein positives Verhältnis zu ihren Mitmenschen, alle liebten sie. Obwohl ich so anders war als sie, kamen wir durch ihre Anpassungsfähigkeit gut miteinander aus, so daß unsere Freundschaft lange hielt. Ich liebte und bewunderte ihre positive Art, die in vielen Situationen zum Ausdruck kam, und die sich positiv bemerkbar machte.
Hingegen hatte ich ein schlechteres Verhältnis zu meinen Mitmenschen, solange ich die Kunst der Anpassung noch nicht beherrschte. Dazu möchte ich Ihnen ein Beispiel aus meiner Familie erzählen: Meine beiden Söhne sind sehr unterschiedlich in ihrer Art. Der ältere ist sehr aufgeweckt, reiselustig, an allem interessiert, spontan,

---

36 Carnegie, Dorothy: Das Leben meistern. Verlag Lebendiges Wort, Pohlheim-Dorf Güll

37 Ryborz, Heinz: Die Kunst zu überzeugen. Ariston Verlag, München. Seite 66

vielseitig, ausgeglichen, humorvoll, gut in der Schule, ehrgeizig, kontaktfreudig und extrovertiert. Der jüngere dagegen ist introvertiert, emotional, ungeduldig, gleichgültig, mäßig in der Schule, häuslich und ein Familienmensch. Da mir nur die Eigenschaften des Älteren gefielen, nörgelte ich ständig an denen des Jüngeren herum. Meine Vorstellung von dem, wie ich ihn mir wünschte, bewegte mich zur ständigen Kritik an ihm. Das war wahrscheinlich auch der Grund, warum zwischen mir und meinem jüngeren Sohn eine Kluft bestand. Er entfernte sich immer weiter von mir und wurde mir immer fremder, da ich ihm meinen Willen aufzwingen wollte.

Heute muß ich mein damaliges Verhalten als absolut negativ verurteilen. Lernen wir es nicht, den anderen so zu akzeptieren, wie er ist, schaden wir uns selbst. Die Persönlichkeit des anderen ändern zu wollen führt oft zur Entfernung und Trennung von diesem Menschen.

Diese Art der toleranten Anpassungsfähigkeit ist erlernbar durch die richtige Einstellung zu unseren Mitmenschen. Wichtig ist, daß wir erkennen, daß jeder von uns eine eigenständige Persönlichkeit ist. Die Welt ist voller Individuen mit den verschiedenartigsten Temperamenten und Wesensarten. Jeder von uns sollte lernen, mit dieser Vielfalt zurechtzukommen, denn schließlich leben wir nicht auf einer einsamen Insel, auf der jeder tun und lassen kann, was er möchte. Ja, wir sollten uns sogar über unsere Verschiedenheit freuen, denn wären wir alle gleich, so wäre das Leben langweilig. Mein Mann und ich zum Beispiel sind sehr verschieden:

– Er ist Raucher, ich nicht,
– er ist ein Stubenhocker, während ich gerne spazierengehe,
– er ißt schnell und hastig, ich dagegen langsam und genußvoll,
– er ist träge, ich aber bin ständig in Bewegung,
– er trinkt gerne, ich esse gerne,

– er reagiert und begreift schnell, ich aber habe eine „lange Leitung",
– er ist ein Verstandesmensch, während ich emotional veranlagt bin,
– er schaut gern fern, und ich lese lieber,
– ihn interessiert die Technik, mich hingegen interessieren die Menschen und die Natur.

Früher lebten wir aus diesen Gründen nebeneinander her. Heute leben wir trotz dieser Verschiedenheiten glücklich miteinander. Und warum geht dies plötzlich? Weil wir beide gelernt haben. Und weil ich mich nun anpassen kann, ohne meine Individualität aufzugeben:

– Wenn mein Mann raucht, lasse ich ihn gewähren, solange er dies nicht in bestimmten Räumen tut.
– Wenn er abends lange aufbleibt, so gehe ich alleine zu Bett, wenn ich möchte.
– Wenn er nicht spazierengehen mag, gehe ich alleine oder suche mir eine andere Begleitperson.
– Wenn er schnell ißt, sage ich nichts, denn es geht ja um seine Gesundheit.
– Wenn er gerne viel sitzt und wenig Bewegung hat, lasse ich ihn, solange er seine häuslichen Pflichten erfüllt.
– Wenn er ab und zu gerne trinkt, so erinnere ich mich an meine Eßlust.
– Sein logischer Verstand ist uns eine Hilfe. Meine emotionale Veranlagung dazu ergibt eine gute Ergänzung.
– Wenn er fernsieht, so beschäftige ich mich in dieser Zeit mit anderen Dingen.
– Seine technische Begabung und meine Menschenkenntnis helfen uns, jedes Problem mit Leichtigkeit zu meistern.

Wir ergänzen uns, so gut es geht, während für andere Paare so viele Unterschiede ein Grund zur Scheidung wären.

Was meinen introvertierten Sohn betrifft, so lasse ich ihn auf seine Art glücklich werden. Da ich nicht mehr an seinem Wesen nörgele, öffnet er sich mir und kommt von selbst aus seinem „Schneckenhäuschen" heraus.

Erst jetzt bemerke ich, wie schön diese Wesensvielfalt in unserer Familie ist – sie verleiht ihr den „richtigen Schwung". Wir nehmen unsere Eigenarten humorvoll auf die Schippe, ohne böswillig Kritik zu üben. Jeder Mensch besitzt von Geburt an seine eigene Persönlichkeit. Auch auf das Wesen eines Kindes müssen wir uns von Anfang an einstellen. Das Kind kann sich dann am besten entwickeln, wenn wir es lieben, so wie es ist. Wir sollten es nicht unserem Wunschbild gemäß zu verändern suchen. Auf diese Weise lernt auch das Kind leicht, andere Personen zu akzeptieren – spätere Anpassungsschwierigkeiten bleiben ihm erspart.

In der Natur haben wir nichts dagegen, daß ein Baum so und der andere anders wächst. Warum versuchen wir nicht, die Natur zu ändern? Weil jeder von uns weiß, daß die Natur einer ewigen Gesetzmäßigkeit unterliegt: Alles wächst nach seiner Art. Das gilt nicht nur für die Natur, sondern auch für uns Menschen. Wir sind nämlich ein Teil der Natur. Auch wir Menschen unterliegen diesen kosmischen Gesetzen mit dem einzigen Unterschied, daß wir denkende Wesen sind. Das Tier hat keinen freien Willen, wir aber können unser Leben lenken! Das geistige Gesetz gibt uns die Denkrichtungen.

Sie wissen: Die positive Richtung hilft, Erfolg auf der ganzen Lebenslinie zu haben. Steuern Sie Ihre Gedanken in die positive Richtung, und stellen Sie sich auf die Eigenarten Ihrer Mitmenschen ein, so verschieden sie auch sein mögen, ohne destruktive Gedanken über sie zu pflegen oder sie geringzuschätzen. Sie werden dann viel besser mit ihnen auskommen. Das Zusammenleben fällt Ihnen leichter, und Sie sind viel glücklicher. Sich anzupassen bedeutet aber auf keinen Fall, sich aufzuopfern und Sklave anderer zu werden. Es bedeutet vielmehr, seine Mitmenschen je nach Charakter und Persönlichkeit zu tolerieren und sich selbst akzeptieren zu lassen.

Ratschläge:

- Gefällt Ihnen irgendeine negative Eigenschaft eines Mitmenschen nicht, so reden Sie freundlich mit ihm darüber, und schließen Sie eventuell Kompromisse.

- Haben Ihre Familienmitglieder, Freunde, Bekannte oder Arbeitskollegen bestimmte Eigenschaften, die Sie stören, so lassen Sie sie gewähren, und nörgeln Sie nicht ständig an ihnen herum. Es reicht, das jeweilige Problem einmal anzusprechen.

Machen Sie sich von Reue und Schuld- gefühlen frei

„Das Lernen ist wie das Rudern gegen den Strom.
Sobald man aufhört, treibt man zurück."

Manche Menschen wollen sich nicht ändern, weil sie bequem sind. Andere wollen es, aber negative Gefühle halten sie davon ab. Zu diesen Gefühlen gehören Reue und Schuld. Sie zu empfinden ist kein Fehler – im Gegenteil –, sie jedoch ständig mit sich herumzuschleppen und die eigene Entwicklung zu blockieren ist gewiß ein Fehler.
„Jeder Mensch muß sich in seinem Leben mit einer Reihe von Krisen auseinandersetzen. Ohne sie wäre keine Entwicklung denkbar. Sie müssen daher lernen, mit Krisen zu leben. Sie müssen den Mut aufbringen, einen Abschnitt Ihres Lebens zu verlassen, um einen neuen anzutreten. Es ist ein Wechsel von etwas Altem zu etwas Neuem."[38]
„Schuldgefühle und Minderwertigkeitskomplexe, die Beschäftigung mit vergangenen und gegenwärtigen Fehlern führen zu nichts."[39]
Denken wir stets daran, daß Probleme Aufgaben sind, die es zu bewältigen gilt, wenn wir geistig und seelisch wachsen wollen. Wer den Problemen und Konflikten ausweicht, bleibt in seiner Entwicklung stekken, macht sogar Rückschritte. Wenn wir ständig Vergangenes bedauern, Schuldgefühle hegen, uns oder anderen die Fehler nicht verzeihen, dann schwächen wir uns selbst. Wir werden schließlich noch unfähiger, die Probleme der Gegenwart zu lösen. Dieses Scheitern wiederum führt zu neuen Schuldgefühlen und Minderwertigkeitskomplexen. So geraten wir in einen Teufelskreis.
Es gibt verschiedene Arten von Schuldgefühlen, einige Beispiele sind:

---

[38] Ryborz, Heinz: Die Kunst, Ihr Leben zu meistern. Ariston Verlag, München. Seite 231

[39] Carnegie; Dorothy: Das Leben meistern. Verlag Lebendiges Wort, Pohlheim-Dorf Güll

- das Bereuen alltäglicher Fehler,
- Schuldgefühle nach dem Tod eines geliebten Menschen,
- die durch Trennung vom Partner oder
- die durch eine selbstverschuldete Katastrophe.

Bei alltäglichen Fehlern, zum Beispiel wenn
- Ihnen durch Leichtsinn etwas gestohlen worden ist,
- Sie durch Unachtsamkeit viel Geld ausgegeben oder verloren haben,
- Sie durch Ihre Leichtgläubigkeit Betrügern oder Scharlatanen in die Hände gefallen sind,

so denken Sie daran: Diese Dinge sind so alltäglich, daß sie immer wieder geschehen, und wir können nur zusehen, daß sie nicht zu oft passieren. Wer sich über solche Dinge zu sehr aufregt und jahrelang dem materiellen Verlust nachtrauert oder seine Fehler bereut, der schädigt sich, ohne seine Situation damit zu verbessern. Ändern Sie Ihre Einstellung, lassen Sie sich nicht von vergangenen Fehlern beengen und belasten.

Der Tod eines geliebten Menschen ist eine besonders schwere Krise, die jeder von uns früher oder später durchmachen muß.
Stirbt ein geliebter Mensch, so entstehen bei den Hinterbliebenen oft Schuldgefühle. Wir machen uns dann leicht Vorwürfe, weil wir glauben, wir hätten gütiger, liebevoller, verständnisvoller, toleranter oder dankbarer sein müssen. Da es keine Möglichkeit gibt, begangene Fehler und Versäumnisse gegenüber Verstorbenen gutzumachen, leiden wir darunter, aber alle Worte der Reue, alle Bitten um Vergebung bleiben ungehört. Als meine Mutter mit 55 Jahren ganz plötzlich an Krebs starb, hatte besonders mein älterer Bruder ständig Schuldgefühle. Er litt sehr unter den Selbstvorwürfen, er hätte der Mutter zu Lebzeiten nicht genug Zeit gewidmet und sich zu wenig um sie gekümmert. Er hielt sich für egoistisch und

verdammungswürdig. Dies führte bei ihm zur Krankheit: Hohes Fieber, Schüttelfrost, Schwächeanfälle, Appetitlosigkeit waren die Folge, so daß ich ihn gesundpflegen mußte. Als es ihm besserging, klärte ich ihn auf, daß er sich von Schuldgefühlen frei machen müsse, um gesund zu werden und zu bleiben. Ich erklärte ihm auch die Grundsätze und das geistige Gesetz. Erst mit Hilfe dieses Wissens und der richtigen Einstellung zum Leben gelang es ihm, wieder völlig gesund zu werden und sich neuen Aufgaben zu widmen.
„Der Verlust eines Menschen ist endgültig und unwiderruflich. Verständlicherweise wehrt sich der Betroffene und will es nicht hinnehmen, daß gerade ihn der Verlust eines geliebten Menschen treffen muß. Er meint, einen Anspruch auf den anderen zu haben, und stemmt sich mit aller Kraft gegen solche Schläge.
In eine solche Krise gerät wohl fast jeder beim Tod seiner Mutter oder seines Vaters, ganz gleich, in welchem Alter er sie verliert. Es bleibt nichts anderes übrig, als die Trauer zu bewältigen, dankbar vom geliebten Menschen Abschied zu nehmen und sich einer neuen Phase des Lebens zuzuwenden."[40]
Wir müssen lernen, den Tod anzunehmen. Natürlich wird der Schmerz niemals völlig verschwunden sein, solange man lebt. Aber mit der Zeit läßt er immer mehr nach.

In einer ähnlich schwierigen Situation ist man, wenn man sich vom Lebensgefährten trennt, denn diese Trennung bewirkt einen sehr starken psychischen Schmerz, den es zu überwinden gilt. Solange die Trennung noch nicht ganz vollzogen ist, gibt es Möglichkeiten, die Partnerschaft zu retten. Denken Sie darüber nach, welche Ursachen Ihre Krise hat, wenn Sie zur Zeit derartiges durchleben.

---

[40] Ryborz, Heinz: Die Kunst, Ihr Leben zu meistern. Ariston Verlag, München. Seite 233

„Beziehungskrisen entstehen meistens dann, wenn ein Mensch die Persönlichkeitsentwicklung eines anderen zu verhindern sucht und Machtansprüche stellt."[41]

„Es liegt in der Natur der Ehe als eine enge Verbindung von zwei Menschen, die nach Herkunft, Veranlagung, Erziehung, Stand und Neigungen verschieden sind, daß sie auch im günstigsten Fall nicht immer und überall harmonisch sein kann. Auf dieser Ebene entstehende Schwierigkeiten sind jedoch mit Verständnis, mit Nachsicht und Geduld – kurz mit gutem Willen – eigentlich immer zu bewältigen."[42]

Wenn Sie sich von Ihrem Partner bereits getrennt haben, so versuchen Sie, aus den Fehlern zu lernen, die Sie vor der Trennung gemacht haben. Gehen Sie mit positiven Grundsätzen in jede neue Bindung, versuchen Sie, mit Ihrem neuen Partner nach positiven Grundsätzen zu leben. Aber auch wenn Ihr Partner nicht mitmachen sollte, können Sie allein mit Ihrer positiven Art das Zusammenleben harmonischer werden lassen.

Ist ein Mensch krank geworden, kann das ebenfalls die Folge negativen Denkens sein. In solchen Fällen dient die Erkrankung als Hinweis darauf, daß das Leben – vor allem die Geisteshaltung – geändert werden muß, daß falsche Wege beschritten oder innere Spannungen und Konflikte nicht bewältigt wurden. Indem wir bewußt positiv leben und Gedanken der Liebe, Toleranz, Güte und Großzügigkeit pflegen, schützen wir uns in einem gewissen Maß vor Krankheiten oder drängen sie gegebenenfalls zurück.

„Viele Menschen richten unbewußt zerstörerische Kraft durch negative Bildvorstellungen auf sich selbst und werden dadurch krank und unglücklich."[43]

„Angst, seelischer Druck und überstarker Streß zählt die Wissenschaft heute sogar zu jenen Faktoren, die bei 85 Prozent aller Krebserkrankungen eine Rolle spielen. Diese Faktoren sind aber auch bei der Entstehung anderer Krankheiten verantwortlich. Durch die von Ihnen ständig ausgelösten Störsignale auf das vegetative Nervensystem und die damit verbundenen Beeinflussungen des Hormonsystems wird das Immunsystem des Körpers geschwächt. Die ständigen Angriffe auf die Gesundheit, denen jeder Mensch ja täglich ausgesetzt ist, wirken sich dann an den Stellen des Körpers aus, die als die schwächsten Punkte anzusehen sind. Für den einen Menschen mag es der Magen sein, für den anderen ist es vielleicht die Lunge."[44]

Natürlich soll dies nicht dazu führen, die ohnehin weitverbreitete Angst vor Krebserkrankungen noch zu verstärken. Angst allein macht noch nicht krebskrank, sie kann aber das Abwehrsystem so schwächen, daß sich unter Umständen in einem Organ Krebs bildet. Aber nicht nur bei Krebs, auch bei der Abwehr anderer Krankheiten spielt das körpereigene Immunsystem eine Rolle. In vielen Fällen sind wir in dieser Weise für unsere Krankheiten selbst verantwortlich. Durch positive Gedanken und eine veränderte Lebenshaltung sind wir in der Lage, unsere Krankheiten selbst zu heilen. Ein fester Wille kann Ihnen dazu verhelfen, wieder gesund zu werden. Wie Geistheilung vor sich gehen kann, erfahren Sie in dem Buch von Kurt Tepperwein (siehe Seite 132). Vereinfacht könnte man hierzu anmerken: Gedanken der Gesundheit machen gesund. Menschen, deren seeli-

---

[41] Ryborz, Heinz: Die Kunst, Ihr Leben zu meistern. Ariston Verlag, München. Seite 233

[42] Heigl Evers, Anneliese; Heigl, Franz: Gelten und Geltenlassen in der Ehe. Fischer Verlag, Frankfurt. Seite 16

[43] Tepperwein, Kurt: Geistheilung durch sich selbst. Goldmann Verlag, München. Seite 109

[44] Ryborz, Heinz: Die Kunst, Ihr Leben zu meistern. Ariston Verlag, München. Seite 115

sches Gleichgewicht ausgewogen ist, tun gewöhnlich nichts anderes, als negative Gefühle und Gedanken durch positive zu ersetzen.

Auch eine selbstverschuldete Katastrophe kann uns stark beschäftigen. Im Leben eines jeden Menschen gibt es unabänderliche Ereignisse, die uns belasten und bedrücken, weil wir uns in den entsprechenden Situationen nicht richtig verhalten haben. Es ist jedoch falsch, deswegen ein Leben lang zu bereuen und mit Schuldgefühlen zu leben, denn das führt zu Krankheiten. Außerdem schwächt uns Jammern und Klagen und stößt andere Menschen von uns ab. Alles, was wir tun können bei selbstverschuldeten Katastrophen oder Ärgernissen, ist, nach der Zeit der Reue wieder nach vorne zu blicken und uns vorzunehmen, aus den Fehlern zu lernen.

Stellen Sie sich auf die Wechselfälle des Lebens ein. Wer Reife erlangen will, muß unbedingt lernen, nur nach positiven Grundsätzen zu leben. Er braucht dann Krankheiten und Katastrophen nicht zu fürchten.

Ratschläge

■ Sind Sie in eine Krise geraten, so nehmen Sie sie an.
■ Haben Sie Fehler gemacht, so gestehen Sie sich diese ein.
■ Statt in ewige Reue zu verfallen, sollten Sie sich fragen: Was habe ich falsch gemacht? Warum habe ich diesen Fehler gemacht? Was kann ich in Zukunft tun, damit ich nicht noch einmal in diese Situation gerate? Wie kann ich mich bessern und dadurch meinem Leben für die weitere Zukunft eine positive Wendung geben?

Stellen Sie sich auf die Höhen und Tiefen des Lebens ein

„Bedenke, daß die menschlichen Verhältnisse insgesamt unbeständig sind, dann wirst Du im Glück nicht zu fröhlich und im Unglück nicht zu traurig sein."

„Im Glück nicht stolz sein und im Leid nicht zagen, das Unvermeidliche mit Würde tragen, das Rechte tun, am Schönen sich erfreuen, das Leben lieben und den Tod nicht scheuen."

Bei meiner früheren Nachbarin trug sich folgendes zu: Sie verließ die Wohnung und vergaß, daß sie einen Topf mit Öl auf den Herd gesetzt hatte. Das Öl erhitzte sich und fing nach einer Weile Feuer. Als ihre Kinder das bemerkten, holten sie schreiend ihre Mutter, die bei mir am Kaffeetisch saß. Sie geriet beim Anblick des Feuers in Panik und packte ohne Überlegung den brennenden Topf an den Henkeln, um ihn nach draußen zu tragen. Aber sie verbrannte sich die Hände und ließ den Topf im Wohnzimmer fallen. Schnell brannte der Teppich, und bald fingen auch einige Möbel Feuer. Mit Brandblasen an den Händen lief sie in den Keller und holte einen Feuerlöscher. Andere Nachbarn hatten inzwischen die Feuerwehr gerufen. Kurze Zeit später war der Brand gelöscht. Meine Nachbarin aber hatte den materiellen Schaden und mußte zum Arzt.
Einem meiner Bekannten fielen die Haare aus, als er 25 Jahre war. Seitdem hat er eine Glatze, was für ihn eine furchtbare Katastrophe ist.
Die beiden Beispiele habe ich Ihnen gegeben, damit Sie sehen, daß jeder von uns von Schicksalsschlägen getroffen wird. Sie brauchen nur die Zeitung aufzuschlagen oder Nachrichten zu hören – Unglücksfälle ereignen sich täglich und überall, und trotzdem geht das Leben weiter.
Im Leben eines jeden Menschen gibt es Höhen und Tiefen. Plötzlich und unerwartet,

wird man von einem Schicksalsschlag getroffen. Wir können daran nichts ändern. Es hat auch keinen Sinn, sich deswegen zu ängstigen und freudlos weiterzuleben. Alles was wir tun können, ist, uns auf die Höhen und Tiefen des Lebens einzustellen und, wenn es geht, daraus zu lernen. Ob wir etwas als Mißgeschick oder Unglück betrachten, hängt nur davon ab, wie wir darüber denken. „Es ist geschehen, und wir können es nicht ändern." Diesen Satz sollten wir uns ganz fest einprägen, wenn wir uns nicht entmutigen lassen wollen. „Niemand von uns hat genug Seelen- und Körperkraft, um das Unabwendbare zu bekämpfen und sich gleichzeitig mit dem, was ihm bleibt, ein neues Leben aufzubauen. Ihr müßt Euch für das eine oder andere entscheiden. Entweder Ihr beugt Euch unter den unabwendbaren Hagelwettern des Lebens, oder Ihr widersteht ihnen und zerbrecht daran."[45]

Einige Menschen behaupten, bestimmte Schicksalsschläge, etwa den Tod des eigenen Kindes, könne man nicht überwinden, selbst wenn man sich auf die Höhen und Tiefen des Lebens eingestellt habe. Natürlich sind viele Ereignisse und besonders der Tod eines Kindes äußerst schmerzhaft. Wenn diese Fälle jedoch eintreten, müssen wir damit leben. Haben wir uns wirklich auch auf „Tiefen" im Leben eingestellt, können wir auch solche Katastrophen verkraften, ohne selbst daran zu zerbrechen. Lernen wir nicht, die Schicksalsschläge anzunehmen, sind wir schwach, enttäuscht, unzufrieden, verzweifelt und verbittert. In solchen Gemütslagen ziehen wir das Pech geradezu an. Schauen Sie, wie es in der Natur zugeht: Nach dem Sturm folgt die Ruhe, nach der Ruhe der Sturm. Solange es Leben gibt, schlägt das Schicksalspendel in zwei Richtungen aus. Stellen Sie sich deshalb darauf ein, daß jeden von uns zu jeder Zeit ein Schicksalsschlag treffen kann, aber genießen Sie zu jeder Zeit Ihre glücklichen Augenblicke.

„Unsere Zeit vergeht geschwind,
Nimm die Stunden, wie sie sind.
Sind sie bös, laß sie vorüber,
Sind sie gut, so freue Dich darüber."

Ratschläge:

■ Stellen Sie sich auf die Höhen und Tiefen des Lebens ein.

■ Prägen Sie sich diesen Satz ein: „Es ist geschehen, und wir können es nun nicht ändern."

■ Meditieren Sie regelmäßig.

---

[45] Carnegie, Dale: Sorge dich nicht, lebe! Scherz Verlag, München. Seite 99

Hören Sie auf, zu jammern und zu klagen

„Lache und mache auch andere heiter.
Zagen und Klagen hilft niemals weiter. "

„Wer sich über alles freut,
hat nicht Zeit zum Klagen.
Tausend Freuden hat die Welt,
nicht nur tausend Plagen. "

Nach der Operation meiner Mutter – sie hatte einen Hirntumor – wurde ihr linker Arm gelähmt. Als ich sie besuchte, sagte sie mit Tränen in den Augen: „Guck mal, ich bin ein Krüppel." Es schmerzte mich sehr, meine geliebte Mutter so unglücklich zu sehen. Zwei Wochen später konnte sie den Arm etwas bewegen, aber ihre Hand war immer noch lahm. Die Gymnastik-übungen halfen nur wenig, der Arm wurde kaum besser. Leidend und weinend sagte meine Mutter: „Wie gerne würde ich jetzt Kartoffeln schälen, nähen und putzen, wenn meine Hand nur gesund wäre." Die Lähmung ihres Körpers bereitete ihr den größten seelischen Schmerz, denn dadurch war sie von anderen abhängig.
Den meisten von uns fehlt weder Arm noch Bein. Wir können ganz über unseren Körper verfügen und sind nicht auf äußere Hilfe angewiesen. Wir sollten uns dessen bewußt werden und dankbar sein, daß wir unversehrt sind. So wie man in einem totalitären Staat erst merkt, was Freiheit bedeutet und wie kostbar sie ist, so erkennt man den hohen Wert der Gesundheit meist erst, wenn man krank geworden ist.
Brigittes Angewohnheit, über alles und jedes zu klagen, war geradezu krankhaft. Sie konnte über kein anderes Thema so gut reden wie über Enttäuschungen, Mißerfolge, Unglück und Krankheit. Alle ihre Freunde und Bekannten nannten sie hinter ihrem Rücken einen Jammerlappen. Ich stellte später fest, daß Brigitte in Gesellschaft eigentlich ein heiterer und fröhlicher Mensch war, man durfte sie nur nicht fragen, wie es ihr ginge und was ihre Familie machte. Lud sie andere zu sich ein, dann kamen vie-

le nicht, obwohl sie eine gute Gastgeberin war und leckere Speisen zubereiten konnte. Brigitte jammert wohl heute noch und weiß noch immer nicht, warum sich die Leute von ihr distanzieren. Dabei hat sie gar keinen Grund zu klagen, denn sie hat eine nette Familie, ein Haus, genug Geld, gesunde Kinder, eigentlich alles. An ihren seelischen Belastungen jedoch ist sie selber schuld. Sie hat es nicht gelernt, die Dinge von der positiven Seite zu nehmen.

Merken wir uns:
- Klagende Menschen gehen anderen auf die Nerven. Ihre Gesellschaft wird gemieden.
- Vor klagenden Menschen hat niemand richtig Respekt.
- Klagende Menschen sind für Krankheiten anfällig.

„Wenn jemand da ist, der ständig klagt, dann hört auch für jedes Familienmitglied die Freude auf. In 99 von 100 Fällen haben diese Klagetypen nichts anderes als eine seelisch bedingte Krankheit."[46]
Die meisten Menschen sind lieber in einer lustigen als in einer traurigen Gesellschaft. Sie gehen lieber zu einem fröhlichen Menschen als zu einem betrübten. Jammernde und klagende Personen werden ignoriert und abgelehnt.

Wenn Sie auch dazu gehören, ändern Sie sich! Sie können das durch positives Denken erreichen. Dazu müssen Sie sich als erstes dessen Grundsätze einprägen.

„So wie die Gedanken sind, so ist auch der Charakter, denn die Seele wird von den Gedanken geformt."

(Mark Aurel)

Ratschläge
- Haben Sie Schwierigkeiten im Alltag, so klagen Sie nicht, sondern tun Sie alles, um diese Probleme zu beseitigen. Beschäftigen Sie sich mit Selbsthilfebüchern. Sie werden darin etliche Hilfestellungen und Ratschläge finden.
- Setzen Sie sich Ziele.
- Besinnen Sie sich einmal am Tag ausschließlich auf Ihre Bedürfnisse und Gefühle. Wenn Sie wenigstens täglich eine Stunde etwas für sich tun, wird es Ihnen bessergehen, und Sie werden weniger Gründe zum Klagen haben.

„Gönne Dir einen Augenblick der Ruhe, und Du begreifst, wie närrisch Du herumgehastet hast.
Lerne zu schweigen, und Du merkst, daß Du zuviel geredet hast.
Sei gütig, und Du siehst, daß Dein Urteil über andere allzu hart war."

---

[46] Schindler, John A.: Die Heilkraft des seelischen Gleichgewichts. Biederstein Verlag, München. Seite 131

Vermeiden Sie ungerechte und übermäßige Kritik

*„Sprich nie ein hartes Wort,
womit Du jemand kränkst.
Du triffst vielleicht sein Herz
viel tiefer, als Du denkst."*

*„Fege vor der eigenen Tür, bevor Du Dich
über den Schnee auf Deines Nachbarn
Dach aufregst."*

Nichts ist schlimmer, als anderen heftige Vorwürfe zu machen und sie ständig zu kritisieren. Kritik ist oft gemein, weil sie andere in die Defensive drängt und ihnen das Gefühl der Wertlosigkeit vermittelt. Kritik schadet einem selbst, sie bedeutet Disharmonie in Ehe, Familie und Freundschaften, und man erreicht eher das Gegenteil von dem, was man wollte. Heftige Kritik ist auch für einen selbst beschämend und erniedrigend, denn oft genug übersieht man dabei die eigenen Fehler. Dieses Verhalten stößt andere von uns ab.

Dies bemerkte ich sehr deutlich im Umgang mit einer früheren Nachbarin. Wir schlossen Bekanntschaft, weil wir Kinder im gleichen Alter hatten, und ich fand sie anfangs sehr nett. Aber als ich sie näher kennenlernte, merkte ich, daß sie sehr stark zur Kritik neigte. Keiner blieb davon verschont, und jedesmal, wenn wir zusammen sprachen, berichtete sie mir von den Fehlern der anderen. Als ich die einzelnen Personen ebenfalls kennenlernte, stellte ich fest, daß diese gar nicht so waren, wie meine Nachbarin sie mir geschildert hatte; im Gegenteil, die Menschen waren sehr nett. Nach einigen Monaten ging mir die Nörgelei meiner Nachbarin auf die Nerven, und ich nahm Abstand von ihr. Nun begann sie, hinter meinem Rücken schlecht über mich zu reden. Als sie darauf angesprochen wurde kam sie zu mir und entschuldigte sich. Trotzdem konnte ich meine Freundschaft mit ihr nicht wieder aufnehmen, das Vertrauen war gebrochen.

Herr Hartung zum Beispiel war ein Mann, der zur Kritik neigte. Besonders sein 14jähriger Sohn konnte ihm nichts rechtmachen. Der Vater kritisierte ständig die Interessen, die Unordnung und die schulischen Leistungen des Jungen. Die Mutter klagte mir ihr Leid: „Was soll ich nur machen? Mein Mann hat nie ein gutes Wort für unseren Jungen übrig. Am liebsten möchte ich ihn verlassen. Der arme Junge wird immer schlechter in der Schule statt besser. Im vergangenen Jahr ist er sitzengeblieben. Das Kind ist völlig entmutigt und verunsichert." Auch die Mutter schien mir seelisch krank und zermürbt durch die ständige Kritik ihres Mannes und durch die Auseinandersetzungen mit ihm. Herr Hartung selbst war ebenfalls unglücklich, wußte aber nicht, daß er der eigentliche Auslöser der Krise war. Er wollte ja nur, wie so oft, „das Beste" für die anderen.

Herrn Ott lernte ich kennen, als er 72 Jahre alt war. Da er alleine lebte, besuchte er uns oft, und wir diskutierten über alles mögliche. Als ich ihn fragte, warum er alleine sei, erzählte er mir von seiner Frau und seinen 3 Kindern. Er wußte aber nur Schlechtes von ihnen zu berichten. Seine Frau zum Beispiel sei immer selbstsüchtig gewesen. Sie habe seine Kinder völlig falsch erzogen. Seine beiden Söhne seien geistlose Wesen. Von seinen Kindern mochte er nur die Tochter. Herr Ott kritisierte auch ständig an seinen Familienangehörigen herum, so daß sich diese völlig von ihm abwandten. Allein, einsam, verbittert, fast blind und taub sowie pflegebedürftig starb er mit 87 Jahren. Es war ein elendes Dasein gewesen, wie er selbst gesagt hatte, das ihm nicht viel Freude bereitet hatte.

„Es ist ebenso erstaunlich wie wahr, daß uns nirgendwo so viele gewöhnliche, beleidigende und kränkende Worte gesagt werden wie im eigenen Haus."[47]

An meinen Beispielen können Sie sehen, was Kritik in Extremfällen bewirken kann

und wie zerstörerisch sie ist. Kritiksucht ist nicht nur schädlich für unsere Mitmenschen, sie schlägt auch auf den zurück, der kritisiert. Denken Sie auch daran, wie Sie sich fühlten, als Sie das letzte Mal kritisiert wurden. Anderen Menschen ergeht es ebenso. Und meist „bekritteln" wir beim anderen jene schlechten Eigenschaften, die wir selbst besitzen. Und besonders Kinder haben unter den dauernden Zurechtweisungen der Eltern und anderer Erwachsener zu leiden. Nörgelei und ungerechte Kritik verunsichern unsere Kinder jedoch nur und entmutigen sie.

„Ein Kind, das dauernd zurechtgewiesen wird, neigt nicht nur dazu, alles falsch zu machen, sondern lernt, sich vor Fehlern zu fürchten. Diese Angst kann dazu führen, daß es gar nichts mehr tun will. ‚Ich mache es ja doch falsch', denkt das Kind. Es bekommt den Eindruck, wertlos zu sein, wenn es nicht vollkommen ist."[48]

Nehmen wir zur Kenntnis, daß negative Kritik destruktive Folgen hat. Beschäftigen wir uns ständig mit den Fehlern anderer, so erzeugen wir durch unser negatives Denken negative Gefühle. Unser Inneres wird unruhig und aufgewühlt, und wir werden anfällig für Krankheiten, denn Störungen im Gefühlsleben müssen sich nicht auf den seelischen Bereich beschränken, in vielen Fällen führen sie zu körperlichen Erkrankungen.

Viele Menschen leben in dem irrtümlichen Glauben, sie könnten sich Anerkennung und Geltung bei ihren Zuhörern verschaffen, indem sie andere kritisieren. Aber nur diejenigen, die selber schlecht über andere reden, hören neugierig zu, denn sie sind für jeden Klatsch und Tratsch zu haben. Menschen mit Charakter werden sich jedoch hüten, solchen „Meckerpötten" allzuviel zu erzählen. Sie halten sogar meist lieber Abstand von ihnen.

[47] Carnegie, Dale: Wie man Freunde gewinnt. Scherz Verlag, München. Seite 310

[48] Dreikurs, Rolf; Stoltz, Vicki: Kinder fordern uns heraus. Klett Verlag, Stuttgart. Seite 113

Ratschläge:

- Prägen Sie sich folgenden Satz ein: „Ab sofort werde ich niemals mehr ungerecht kritisieren."

- Machen Sie es sich zur Gewohnheit zu lächeln, wenn ein anderer Sie kritisiert. Denken Sie an das Sprichwort: „Wer lächelt, statt zu toben, ist immer der Stärkere." Bleiben Sie dabei ruhig und gelassen, können Sie die Kritik in einen offenen Meinungsaustausch und eine sachliche Diskussion lenken.

- Versuchen Sie immer, die guten Dinge im Charakter eines Menschen zu entdecken, und sehen Sie über seine Fehler hinweg. Haben wir es uns zur Gewohnheit gemacht, niemals zu kritisieren, so werden wir selbst auch weniger kritisiert. Auf diese Weise erziehen wir unsere Umwelt zum positiven Denken. Indem wir negative Kritik vermeiden, lassen wir Harmonie entstehen.

- Läßt sich Kritik einmal nicht vermeiden, so können Sie sie auf taktvolle, humorvolle Weise zum Ausdruck bringen, zum Beispiel, indem Sie auch etwas Positives sagen oder ohne Worte Kritik üben.

- Reden Sie nicht schlecht über andere, Sie geben Ihren Mitmenschen damit sonst ein negatives Beispiel.

„Redet einer schlecht von Dir,
Sei es ihm erlaubt.
Doch Du, Du lebe so,
daß niemand es ihm glaubt."

Machen Sie sich keine Sorgen

„Du kannst nicht verhindern, daß die Vögel der Sorge über Deinem Haupte fliegen. Du hast es aber in der Hand zu verhindern, daß sie auf Deinem Kopfe ihre Nester bauen."

(Laotse)

Ein Mensch, der sich sorgt, ist ein Opfer seiner negativen Gedanken. Kein Arzt kann uns helfen, wenn wir nicht aufhören, uns negative Gedanken zu machen. Unser Leben ist das, wozu unsere Gedanken es machen.

„Mit unserer üblen Angewohnheit, uns Sorgen über alles und jedes zu machen, sind wir auf dem besten Weg, gerade das herauszufordern, wovor wir uns fürchten, denn es hat ja schon von unserem Geist Besitz ergriffen."[49]

„Selbst der gesündeste Mensch kann erkranken, wenn er sich sorgt. Kaum etwas anderes im Leben verleiht einer Frau oder einem Mann so leicht ein altes, verbittertes Aussehen, wie ein Gemüt, das sich dauernd quält. Solch eine Gemütsverfassung erzeugt einen chronisch vergrämten oder chronisch mürrischen Ausdruck und macht das Gesicht hart und faltig."[50]

Denken Sie daran: Krankhafte Gedanken machen unter Umständen krank, und sorgenvolle Gedanken machen alt und knitterig. Aber frohe Gedanken machen froh, und humorvolle Gedanken lassen Humor entstehen. Es liegt also in Ihrer Hand, welches Leben Sie führen. Pflegen Sie gute, gesunde Gedanken, dann bleiben Sie leichter gesund. Wenn Sie Ihre Gedanken immer wieder auf Glück, Erfolg, Gesundheit und Wohlstand richten, werden Sie dies alles wesentlich eher bekommen, als wenn Sie ständig mißmutig und unglücklich sind und sich sorgen.

---

[49] Ryborz, Heinz: Die Kunst, Ihr Leben zu meistern. Ariston Verlag, München. Seite 44

[50] Carnegie, Dale: Sorge dich nicht, lebe! Scherz Verlag, München. Seite 43

Entwickeln Sie Vertrauen in sich selbst und in Ihre Fähigkeiten. Dadurch werden Sie ruhiger und ausgeglichener; es gelingt Ihnen dann alles leichter. Auch mir hat dieses Vertrauen geholfen. Zum Beispiel konnte ich damit meinen Umzug besser planen und organisieren: Wir hatten vor, ein neues Haus zu kaufen und das alte zu verkaufen. Daraus ergab sich ein fürchterlicher Papierkrieg, bei dem keine Fehler unterlaufen durften. Alles mußte von mir allein bewältigt werden, da mein Mann nicht zu Hause war. Wir standen nur telefonisch in Kontakt. Ich hatte ungeheuer viel Arbeit mit der Planung, Organisation und Durchführung des Hauskaufs, -verkaufs und des Umzugs. Wäre ich dabei nicht gelassen geblieben und Schritt für Schritt vorangegangen, wäre mir alles „über dem Kopf zusammengeschlagen". Eine positive Einstellung und Vertrauen darauf, daß alles klappt, haben mir letztlich zu einer reibungslosen Abwicklung verholfen.

Bemühen auch Sie sich stets um Ruhe und Gelassenheit. Lassen Sie sich nicht ängstigen durch negative Einflüsse aus Zeitung, Fernsehen und von Mitmenschen, denn Angst und Sorgen entstehen im Geiste und haben negative Auswirkungen. Lernen Sie zu vertrauen, entwickeln Sie Kräfte, die Positives anziehen. Alles läuft dann fast wie von selbst.

Ratschläge:

- Gewinnen Sie eine positive Lebenseinstellung.
- Richten Sie Ihre Gedanken immer wieder auf Glück, Erfolg, Gesundheit und Wohlstand.
- Bleiben Sie bei allen Problemen ruhig und gelassen!
- Meditieren Sie regelmäßig.

Wer sich über andere aufregt, schadet sich selbst

„Wer Gedanken hegt, die ihm Ärger, Leid verursachen, der soll unheilsame Gedanken durch heilsame ersetzen."

(Buddha)

Ärger ist die Folge von negativen Gedanken, und diese ziehen wiederum oft negative Verhaltensweisen nach sich. Ärger kann aus folgenden Gründen resultieren:
– Wir passen uns der Umwelt und den Mitmenschen nicht an (siehe Seite 55)
– Wir machen uns nicht auf alles gefaßt (siehe Seite 62)
– Wir verlassen uns auf andere (siehe Seite 48)
– Wir erwarten zuviel (siehe Seite 22)
Ärger kann – wie alle negativen Gefühle – zu Störungen im organischen Bereich sowie im Gefühlsleben führen und daher auch körperliche Erkrankungen auslösen. Jedoch gehören Ärger und Aufregung ebenfalls zu den seelischen Belastungen, die wir durch Änderung unserer Einstellung vermeiden können.

Ich kann mich erinnern, wie ich vor etwa 10 Jahren 3 Tage lang im Bett lag. Ich hatte hohes Fieber und Schmerzen in der Milzgegend. Meine Kinder mußten von meiner Mutter abgeholt und umsorgt werden. Weil mein Mann den ganzen Tag arbeitete, lag ich alleine da und litt. Da mein Fieber nicht sank, wurde ich ins Krankenhaus gebracht, wo ich 2 Tage lang von Kopf bis Fuß untersucht wurde. Aber die Ärzte fanden nichts. Als mein Fieber verschwand, wurde ich entlassen mit der Weisung, zum Urologen zu gehen.

Ich bin nie zu diesem Facharzt gegangen, denn meine Schmerzen hörten ganz plötzlich wieder auf. Eine solche Situation habe ich danach nie wieder durchgemacht. Damals hielt ich es für normal, daß Menschen hin und wieder krank werden. Heute bin ich überzeugt, daß ich selbst für meine Krankheit verantwortlich war. Denn die Tage und Wochen zuvor hatte ich mich sehr über meinen Mann geärgert. Er ging morgens aus dem Haus und kam erst spät abends heim. In der Firma arbeitete er zwar gewöhnlich nur bis 5 Uhr, aber danach ging er privaten Geschäften nach und besuchte Kunden, bei denen er meist länger in gemütlicher Runde verweilte. So empfing ich ihn jeden Abend sehr spät, klagte und kritisierte sein Verhalten, warf im Rücksichtslosigkeit vor; doch das half nicht, und so fraß ich den Ärger in mich hinein, bis ich schließlich krank wurde. Denn die Gedanken, die wir in bewußtem Zustand pflegen, wandern auch in unser Unterbewußtsein, das uns durch viele Situationen lenkt, ohne daß wir es merken. Befinden wir uns in einer kritischen Situation, reagiert das Unterbewußtsein und veranlaßt eine entsprechende Reaktion unseres Körpers.

Wissen Sie eigentlich, wieviel Energie und Kraft manche Menschen verlieren, indem sie sich über Dinge ärgern, die sie ohnehin nicht ändern können? Ich habe einiges beobachtet. Viele Personen ärgern sich, weil ihr Kind krank ist, der Partner später als erwartet nach Hause kam, das Telefon beim Essen klingelte oder weil ein Kollege etwas Dummes gesagt hat, weil die Lieblingssendung im Fernsehen ausfiel oder das Wetter schlecht war. Oft ist auch der unerwartete Besuch von Verwandten Grund des Ärgers oder auch die Absage eines geplanten Besuchs.

Welch trostloses Leben müssen solche Menschen führen, wenn sie sich über die natürlichen und unvermeidbaren Geschehnisse des Lebens ärgern und sich auf diese Weise aus dem persönlichen Gleichgewicht bringen lassen.

„Sie selbst können entscheiden, welche Gedanken Sie sich machen. Lassen Sie nicht zu, daß sich Dinge in Ihr Denken einschleichen, die Ihnen schaden und Sie unglücklich machen. Bestimmen Sie Ihre Gedanken und Gefühle. Nur wer über sein Geistes- und Gefühlsleben frei verfügt, ist ein echter Lebenskünstler. Er räumt äußeren Umständen keine Macht über sein wahres Ich ein. Legen Sie die Inhalte Ihres Denkens fest, und lassen Sie nicht zu, daß unangenehme Erinnerungen, Ärgernisse und Ressentiments Sie bedrängen."[51]

Ratschläge:

So vermeiden Sie es, sich über andere zu ärgern:

- Setzen Sie sich Ziele! Wenn Sie hohe Ziele haben, die Sie mit Eifer zu erreichen versuchen, haben Sie keine Zeit, sich zu ärgern. Sie sind dann mit Dingen beschäftigt, die Ihnen wichtiger sind.
- Meditieren Sie! Meditation schafft Distanz zu Gefühlen, zum Leben. Sie werden gelassener, heiterer, sanfter und den anderen gegenüber toleranter.
- Erlernen Sie die Grundsätze dieses Buches!
- Machen Sie sich bewußt, daß wir keine Wahl haben, uns für andere Welten oder Gegebenheiten zu entscheiden. Wir haben nur diese Welt und diese Menschen, die darin leben. Lernen wir es nicht, unsere Umwelt und dieses Leben anzunehmen, werden wir selbst krank, denn wir sind ein Teil der Schöpfung.
- Wenn andere Menschen Sie ärgern wollen, so lassen Sie dies nicht zu.
- Weisen Sie unwillkommene Gedanken zurück. Ersetzen Sie negative durch positive Gedanken. Denken Sie sofort an einen passenden Grundsatz, und lächeln Sie.

„Wenn Dich die Menschen ärgern,
So ärgere Du sie nicht;
Sei wie die liebe Sonne,
Lach den anderen ins Gesicht. "

---

[51] Ryborz, Heinz: Die Kunst, Ihr Leben zu meistern. Ariston Verlag, München. Seite 86

Befreien Sie sich von negativem Denken

"Gier macht den Menschen im Leben arm, denn die Fülle dieser Welt macht ihn nicht reich."

"Glücklich ist, wer ohne Krankheit, reich, wer ohne Schaden."

„In erster Linie ist Gesundheit Harmonie mit uns selbst, aber auch mit unseren Mitmenschen, mit unserer gesamten Umwelt. Sobald diese Harmonie gestört ist, erkrankt unser geistiger Körper, unsere Seele. Wird die Harmonie bald wieder hergestellt, gewinnen wir unsere Gelassenheit zurück und bleiben gesund. Bleibt die Harmonie aber längere Zeit gestört, so manifestiert sich diese Störung der Harmonie in einer körperlichen Krankheit, wobei jeder Organismus trotz gleicher Ursache an einer anderen Stelle erkranken kann. Denn unser Organismus besteht aus einer Kette von ineinandergreifenden Funktionen. Und jede Kette ist nur so stark wie ihr schwächstes Glied. So kommt es, daß Ärger dem einen Kopfschmerzen macht, der andere bekommt Magenbeschwerden, ein dritter Verstopfungen, oder ihm schlägt der Ärger auf die Nieren."[52]
Denken Sie stets daran, daß jedes Unglück, jede Schwierigkeit, jede Krankheit, jeder Mißerfolg, Schaden und Verlust die Folge Ihrer negativen Gedanken sein kann. Diese sind unser schlimmster Feind.
Meine negativen Gedanken bescherten mir in der Vergangenheit oft Krankheiten und seelische Spannungen. Seitdem ich aber nach den Grundsätzen des positiven Denkens lebe, bin ich gesünder, und ich meistere mein Leben besser als je zuvor.
Wir sind nicht auf dieser Welt, um an ihr zu leiden, sondern um uns an ihr zu erfreuen. Sind Sie zum Beispiel arm oder krank, prüfen Sie, ob nicht Ihre Gedanken mit zu dieser Situation beigetragen haben. Lernen

[52] Tepperwein, Kurt: Geistheilung durch sich selbst. Goldmann Verlag, München. Seite 91

Sie, Ihr Unterbewußtsein richtig zu programmieren, indem Sie positive Gedanken wie Liebe, Toleranz, Güte, Anpassung usw. pflegen. Damit ziehen Sie Glück und Gesundheit an:

„Es ist der Geist, der sich den Körper baut."

(Johann Wolfgang Goethe)

Wie sehr negative Gedanken schaden können, erzähle ich Ihnen mit dem folgenden Beispiel: Meine Familie und ich waren in eine neue Gegend gezogen und mußten uns mit der neuen Umgebung und mit neuen Menschen vertraut machen. Marcel, der jüngere, 12jährige Sohn, fand gleich Anschluß. Allerdings wurde er von den anderen Kindern in der Schule in den ersten Tagen geärgert.
Eines Tages kam er heim und erzählte mir voller Zorn über eine Auseinandersetzung mit einem Schulkameraden. Er schwor, sich zu revanchieren. Den ganzen Abend, nachts, und am nächsten Morgen dachte er daran, dem „Feind eins auszuwischen". Seine Rachegedanken und -pläne ließen ihm keine Ruhe, bis er sie eines Tages ausgeführt hatte. Danach kam er beruhigt nach Hause und erzählte der ganzen Familie von seinem Triumph.
Und da ihm die Rache und das Raufen soviel Spaß machten, bezogen noch andere Jungen von ihm Prügel. Aber bald wollte keiner mehr etwas von meinem Sohn wissen, und alle gingen ihm aus dem Wege und mieden ihn. So mußte er die ganze Zeit alleine bleiben.

„Werde nie zornig, sonst könntest Du an einem einzigen Tag das Holz verbrennen, das Du in vielen sauren Wochen gesammelt hast."

Ein Mensch kann noch so schön gekleidet sein und versuchen, damit die Aufmerksamkeit auf sich zu lenken – ist seine geistige Haltung nicht in Ordnung, verlieren alle seine kostbaren und edlen Besitztümer und Kleidungsstücke an Reiz.
Positive Gedanken ändern unser Leben und geben ihm eine angenehme Richtung. Sollte ich mit einem einzigen Satz meine ganze Lehre ausdrücken, so würde ich sagen:
„Laß nichts Böses in Deinen Gedanken sein."
„Revanche-Gefühle sind die Folge von Zorn und Haß, die ein Mensch gegenüber anderen pflegt. Solche Revanche-Gefühle rauben Ihnen den Schlaf, die Gesundheit und den inneren Frieden. Wie würde sich ein jeglicher Mitmensch freuen, wüßte er, wie Sie sich aufreiben, nur um sich zu rächen."[53]
„Alle Gedanken, Vorstellungen und Überzeugungen, die Sie sich zur Gewohnheit gemacht haben, lösen in Ihnen bestimmte Emotionen aus. Ihr Denken und Fühlen prägen sich Ihrem Unterbewußtsein ein, positive wie auch negative Inhalte. Die dominierenden Inhalte Ihres Denkens und Fühlens werden zu einer Art zwingender Verhaltensmuster. Diese Muster wiederholen Sie automatisch in Ihrer Lebenserfahrung, wie eine Art mechanischer Roboter, eben wie ein Automat. Die Gesetze des Geistes sind so angelegt, daß alles, was Sie Ihrem Unterbewußtsein einprägen, in Ihrem Leben sichtbar wird: sich als Erlebnis, Zustand oder Ereignis niederschlägt. Ihre Gedanken, seien sie gut oder schlecht, sind die Schrift, die Sie ständig ihrem tieferen Geist einverleiben, oder anders gesagt, durch die Sie schöpferisch gestaltend das Buch Ihres Lebens schreiben. Sie selbst also machen die Gesetze und erlassen die Durchführungsbestimmungen, die für Sie maßgebend und ausschlaggebend sind."[54]

---

53 Ryborz, Heinz: Die Kunst, Ihr Leben zu meistern. Ariston Verlag, München. Seite 97

54 Murphy, Joseph: Die unendliche Quelle Ihrer Kraft. Ariston Verlag, München. Seite 140

Ratschläge:

■ Stellen Sie sich vor, Sie befinden sich in einem Raum, auf dessen einer Seite nur eine einfache Wand ist, während sich auf der anderen ein Panorama-Fenster mit einem Blick auf die prachtvolle Natur befindet. Sie sehen Berge, einen See, in dem sich der blaue Himmel spiegelt, Wald und Wiesen. Wohin würden Sie schauen? Natürlich zu der schönen Landschaft! Beim geistigen Gesetz brauchen Sie nichts anderes zu tun! Ist Ihr Geist von negativem Denken geprägt, so brauchen Sie sich lediglich im Geiste umzudrehen. Wenden Sie sich ab vom negativen Denken, dann wird für Sie die Sonne im Leben scheinen!

■ Lesen Sie die Grundsätze mehrmals, und eignen Sie sich diese an.

■ Stellen Sie sich selbst immer als einen Menschen mit positiven Eigenschaften vor!

■ Durch Meditieren lösen Sie Ihre negativen Gedanken auf.

Befreien Sie sich von Ihrer Angst

Nichts in der Welt kann den Menschen unglücklicher machen als bloß allein die Furcht. Das Übel, das uns trifft, ist selten oder nie so schlimm wie das, welches wir befürchten.

Die vielen Ängste, die wir Menschen im Laufe unseres Lebens ertragen müssen, sind unnötig. Die Sachverhalte unserer Vorstellungen existieren in Wirklichkeit nicht. Auch ich habe lange Zeit mit Ängsten gelebt und habe folglich viele Mißerfolge erlebt. Ich fürchtete mich ständig vor Armut und Krankheit, und so ging auch alles schief, was ich anpackte. Die Befreiung von diesen in mir sitzenden Ängsten habe ich allein durch das positive Denken geschafft.

Wie ich das erreichte, schildere ich Ihnen in diesem Kapitel.

„Die Angst ist eines der gefährlichsten und zerstörerischsten Gefühle von allen. Jeder Angstzustand, der Monate oder gar Jahre hindurch fortbesteht, kann fast jede nur bekannte Krankheit hervorrufen, von Herzstörungen und Bluthochdruck über Arthritis bis zur Zuckerkrankheit."[55]

„Hinter jeder Lähmung steckt Angst. Angst ist die Reaktion auf eine falsche Vorstellung. Angst ist das Ergebnis von Unwissenheit. Angst ist Vertrauen in etwas Falsches. Angst ist eine Anhäufung von dunklen Schatten. Angst ist ein Gedanke in Ihrem Innersten, es gibt kein Prinzip der Angst."[56]

„Angst ist ein schwer zu beschreibendes unangenehmes Gefühl von Erregung, Verzweiflung und Bedrängnis. Durch Angst wird der Wille des Menschen beeinträchtigt und die Freiheit seiner Verhaltensweise aufgehoben. Ängste sind wie Sargdeckel, die sich über Ihrem Leben schließen. Erst

---

[55] Norvell, Anthony: Sei erfolgreich und wohlhabend. Goldmann Verlag, München.

[56] Freitag, Erhard: Hilfe aus dem Unbewußten. Goldmann Verlag, München. Seite 105

wenn Sie den Deckel aufheben und aus dem Weg schaffen, werden Sie unbeschwert leben."[57]

Die zitierten Erklärungen darüber, was Angst ist und was sie verursacht, leuchten mir ein. Denn denken wir positiv, ziehen wir Positives an, denken wir jedoch negativ, ziehen wir Negatives an. Angst ist negativ und zieht meist das an, wovor wir uns fürchten.

Alles, was ich befürchtet habe, ist über mich hereingebrochen

(Hiob)

Zwei Situationen, die andere und ich erlebt haben, bestätigen diese in Selbsthilfebüchern dargelegten Tatsachen:
In jedem Winter bei Schnee und Eis hatte Herr Keeltau Angst vor einer bestimmten Kurve, wenn er zur Arbeit fuhr. Er fürchtete sich, aus der Bahn geschleudert zu werden. Eines Tages landete er dann tatsächlich im Graben neben der bewußten Kurve.
Vor einigen Jahren geriet ich in finanzielle Schwierigkeiten, weil wir durch unser Haus hoch verschuldet waren. So fürchtete ich mich ständig vor weiteren finanziellen Belastungen. Und tatsächlich passierten dauernd negative Dinge. Nacheinander gingen verschiedene Haushaltsgeräte kaputt, deren Reparatur viel Geld kostete. Die Nachbarn lachten schon über mein Pech. Jeden Morgen wachte ich mit angstvollen Gedanken auf: „Was wird dieser Tag wohl an Unglück bringen?" Wegen häufiger Autopannen in der letzten Zeit wagte ich dann schon gar nicht mehr, mit dem Auto in die Stadt zu fahren, aus Angst, es könnte kaputtgehen. Als meine Kinder mich deswegen auslachten, tat ich es dann doch.
500 Meter vor dem Ziel schließlich blieb das Auto tatsächlich stehen. Die Kupplung, die gerade eine Woche zuvor repariert wor-

den war, funktionierte nicht mehr, und ich konnte nicht mehr schalten.
Die beiden Erlebnisse zeigen, daß einem Menschen häufig genau das zustößt, wovor er sich fürchtet. Dies belegen auch die folgenden allgemeinen Sachverhalte:
Zum Beispiel beißt ein Hund einen Menschen meistens deshalb, weil dieser Angst vor ihm hat. Prüfungsangst hindert einen zumeist, eine Prüfung zu bestehen: Man fällt durch. Furcht davor, nicht einschlafen zu können, hindert einen daran, wirklich einzuschlafen. Die Lebensangst raubt einem Menschen die glücklichsten Momente des Lebens, läßt ihn vorzeitig altern und unter Umständen krank werden.
Wir sollten uns also von Angst und anderen negativen Gedanken befreien, damit wir innere Freiheit gewinnen. Für mich gibt es nichts Kostbareres.
Angst ist zum einen eine Veranlagung – beispielsweise kennen alle Lebewesen die Todesangst –, zum anderen wird sie durch die Erziehung gefördert, denn Angst wird vielfach anerzogen! Außerdem sind wir unserer Umwelt ausgeliefert, die permanent bestrebt ist, uns Furcht einzuflößen. Denken Sie nur einmal an die Ängste, die von Zeitungen, Radio, Fernsehen, Kino, Versicherungsgesellschaften und Mitmenschen geschürt werden. Auch Eltern drohen ihren Kindern oft und machen ihnen Angst. Die gängigsten Phrasen kennen wir alle:
„Wenn du nicht artig bist, …
„Wenn du nicht alles aufißt, …
… hat dich die Mama nicht mehr lieb."
(Angst vor Liebesentzug)
„Mache ja deine Hausaufgaben, …
„Räume ja dein Zimmer auf, …
… sonst gibt es Schläge."
(Angst vor Schmerzen)
„Wenn du ohne Schal hinausgehst, …
„Wenn du zuviel davon ißt, …
… wirst du krank, und du mußt zum Arzt."
(Angst vor Krankheiten)
„Es kann kein Zweifel darüber bestehen, daß Erpressung die Grundlage unseres Er-

---

[57] Ryborz, Heinz: Die Kunst Ihr Leben zu meistern. Ariston Verlag, München. Seite 30

ziehungssystems ist – auf allen Ebenen unseres Lebens. Es beginnt in der Schule, wenn der Lehrer uns mit schlechten Noten droht. Ehefrauen halten ihre Männer in der Angst, sie zu verlassen oder sie vor der Umwelt lächerlich zu machen. Vorgesetzte nutzen die ihnen zugeordnete Autorität, um Untergebene mit Hilfe der Angst zu unterdrücken."[58]

„Wenn du nicht tust, was wir von dir verlangen, nehmen wir dir wieder weg, was wir dir gegeben haben", lautet die Erpressungsformel.

„In seiner Phantasie kann sich der Mensch negative Dinge genau vorstellen, obwohl sie in Wirklichkeit gar nicht existieren. Negative Vorstellungen sind also der Auslöser für Angstgefühle."[59]

Nun können wir zwar nicht verhindern, daß die Welt und die Mitmenschen Dinge tun, die uns Angst machen. Wir leben in einer vielfältigen Welt, die sich ständig wandelt: jede Erscheinung entsteht und vergeht wieder. Es werden immer wieder Vorgänge passieren, die uns erschrecken und verängstigen. Die Zeitungen werden nicht aufhören, uns mit negativen Schlagzeilen zu bombardieren, das Fernsehen wird uns immer wieder Bilder von Katastrophen der Welt ins Haus liefern, und unsere Erziehung können wir nachträglich nicht mehr ändern.

Um diesen schädlichen Einflüssen zu entgehen, können wir nur eines tun, nämlich uns selbst ändern. Wenn wir außer Haus gehen, schließen Sie stets die Haustür ab, damit keine Diebe eindringen können. Ebenso sollten Sie in Ihren kostbaren Geist keine Eindringlinge hineinlassen, damit Sie nicht Ihrer Kräfte beraubt werden. Schützen Sie Ihren Geist vor allen schädlichen Einflüssen!

Reagieren Sie auf äußere Katastrophen mit Gelassenheit. Negatives wie Haß, Zorn, Neid, Eifersucht, Krankheit und Angst, aber auch Positives wie Liebe, Sanftmut, Toleranz, Gesundheit und Mut existieren nur in unserem Denken, und unsere Gedanken sowie Vorstellungen führen uns. Sie werden Realität und verwirklichen sich in unserem Leben. Machen wir uns stets positive Gedanken, wird alle Angst vertrieben. Ist keine Angst mehr da, die uns lähmt, unser Bewußtsein verengt, uns unsicher und kraftlos macht, gehen wir bewußter durchs Leben und haben mehr Erfolg.

„Töte deine Angst, bevor sie dich tötet".

Ratschläge:

■ Wenn Sie andere Menschen über Negatives sprechen hören, versuchen Sie, das Thema zu wechseln! Bringen Sie positive Themen ins Gespräch, erzählen Sie zum Beispiel Gutes über einen Menschen. Wehren Sie sich gegen Angstmacherei und Schwarzmalerei! So wie ein Nichtraucher sich dagegen wehren muß, den schädlichen Qualm der Raucher einzuatmen, so müssen Menschen, die positiv denken, sich gegen negatives Denken behaupten und zur Wehr setzen.

■ Beeinflussen Sie Ihre Kinder positiv! Sagen Sie ihnen zum Beispiel:
„Du schaffst es. Bestimmt hast du Glück." und
„Ich bin sicher, daß es dir gelingt."

■ Hören und lesen Sie Negatives, so beschäftigen Sie sich nicht weiter damit, vertiefen Sie sich nicht darin! Denken Sie statt dessen an Ihre Ziele und daran, wie Sie diese erreichen können.

■ Meditieren Sie! Mit Hilfe von Meditation und Vorstellungskraft schaffen Sie es, Angst zu vertreiben. Es ist eine wirksame Möglichkeit, negative Gefühle und Gedanken wie Angst und Furcht, die so tief und fest in uns verankert

---

58 Kirschner, Josef: Hilf dir selbst, sonst hilft dir keiner. Droemer Verlag, München. Seite 12

59 Ryborz, Heinz: Die Kunst, Ihr Leben zu meistern. Ariston Verlag, München. Seite 33

sind, auszutreiben und frei davon zu werden. In jedem von uns schlummern Kräfte, die wir mit Hilfe des Unterbewußtseins und unserer Vorstellungen aktivieren können. Wichtig ist nur, regelmäßig zu meditieren. Denn im entspannten Zustand ist unser Unterbewußtsein besonders empfänglich. Alle positiven Gedanken und Gefühle sinken dann tief hinab und vertreiben Negatives. Sagen Sie sich während der Meditation im Geiste:
„Ich bin in jeder Situation ganz ruhig und sicher."
„Meine Sicherheit wächst von Tag zu Tag."
„Ich bin in jeder Lage erfolgreich."
„Alles, was ich anfasse, gelingt mir."
Lassen Sie Ihrem Unterbewußtsein solche positiven Suggestionen zukommen.

Sehen Sie sich in Ihren Vorstellungen als einen erfolgreichen, mutigen Menschen, der keine Angst kennt. Hüten Sie sich davor, sich als einen ängstlichen Versager zu sehen und in Selbstmitleid zu schwelgen.
Denken Sie daran: Angst gehört zu den negativen Gefühlen und sitzt tief in unserem Unterbewußtsein. Wir müssen daher lange an uns arbeiten, um die Angst zu vertreiben, und ihre negativen Wirkungen völlig auszuschalten.

„Wer seinen Körper beherrschen gelernt und ihn zu einer Wohnstätte seiner Seele gemacht hat, wer seinen Geist, seine Sinne, seine Gefühle meistert, der treibt Angst und Verwirrung von sich und lebt in einem Zustand der Erleuchtung und des Friedens."

Verteilen Sie Lob und Anerkennung

„Willst Du glücklich sein im Leben, trage bei zu andrer Glück. Denn die Freude, die wir geben, geht ins eigne Herz zurück."

Lob und Anerkennung sind die Nahrung für unsere Seele, gewissermaßen psychische Vitamine. Wenn wir längere Zeit keine Vitamine zu uns nehmen, werden wir krank. Eine längere Zeit ohne Lob eines Mitmenschen macht uns seelisch ebenfalls krank. Um Lob und Anerkennung zu gewinnen, müssen wir anderen unsere Aufmerksamkeit (und einen Teil unserer Kraft und Fähigkeiten) schenken. Je großzügiger wir spenden, desto gesünder sind wir selbst. Von einem Kompliment kann ich zum Beispiel ein paar Tage leben:
Wenn mein Mann mir sagt, wie angenehm er meine Gesellschaft empfindet, bin ich glücklich. Am nächsten Tag läuft die Arbeit wie von selbst. Wenn mich meine Kinder für das Essen loben, das ich gekocht habe, dann strahle ich und fühle mich wunderbar. Wenn mein Chef erwähnt, daß ihm meine Mitarbeit gefällt, so gewinne ich Kraft und Selbstvertrauen.
Lob hilft, Freunde zu gewinnen, und ist auch für die Entwicklung des Kindes unentbehrlich. Sogar Tiere werden mit Lob dressiert. Erfüllt der Hund den Wunsch des Herrn, wird er belohnt und gestreichelt. Macht das Pferd, was man von ihm verlangt, bekommt es ein Stück Zucker. Und Lob verleiht sogar Macht über andere Menschen, wie ich an mir selbst erfahren habe: Vor zwei Jahren stand ein junger Mensch vor meiner Haustür und wollte mir Ansichtskarten verkaufen; das Geld war für den Fonds eines Umweltschutzvereins bestimmt. Das erste, was er sagte, als ich die Tür öffnete, war: „Ah, guten Tag, junge Frau, Sie sehen aber gut aus." Ich kannte zwar die Tricks mancher Vertreter, aber in diesem Moment vergaß ich alles und fragte interessiert, was er wünsche. „Ich wollte Sie eigentlich nur etwas fragen, aber eine so schöne Frau habe ich gar nicht erwar-

tet." Ich bat ihn hereinzukommen, obwohl ich mir vorgenommen hatte, niemals einen Unbekannten ins Haus zu lassen. Als er eintrat und meine großen Kinder sah, sagte er: „Das können unmöglich Ihre Kinder sein, dafür sehen Sie zu jung aus." Ich bat ihn Platz zu nehmen, machte Tee, und dann unterhielten wir uns über den Umweltschutz. Als er ging, fühlte ich mich prächtig. In der Hand hielt ich eine Packung Ansichtskarten, für die ich ihm 20,– DM gegeben hatte. Eigentlich brauchte ich die Karten gar nicht. Erst später, als ich sie mit den Kindern betrachtete, wurde mir bewußt, daß der junge Mann mich gegen meinen Willen dazu gebracht hatte, Geld auszugeben. Meine Kinder lachten mich aus, und ich selbst mußte über den Vorfall am meisten lachen. Wie hatte der junge Mann sein Ziel erreicht? Er hatte mich einfach gelobt. Ich hoffe, daß das Lob wenigstens zum Teil ehrlich war – jedenfalls klang es so.

„Fast alle Menschen haben einen nagenden, unstillbaren Hunger nach Anerkennung und Lob. Aber nur die wenigen, denen es gelingt, diesen Hunger der anderen zu stillen, haben wirklich Macht über die Menschen."[60]

Mit Lob erreichen Sie viel, ganz besonders bei Kindern. Sie entwickeln sich prächtig, wenn man sie ermutigt und lobt.

„Jedes Kind braucht fortgesetzt Ermutigung, genau wie eine Pflanze Wasser braucht. Ohne Ermutigung kann es nicht gedeihen, sich nicht entwickeln und kein Zusammengehörigkeitsgefühl erlangen."[61]

Wenn Sie gelernt haben, durch Lob und Anerkennung Ihre Kollegen, Ihren Mann, Ihre Kinder, Ihre Verwandten, Freunde und Bekannten wichtig und wertvoll erscheinen zu lassen, dann brauchen Sie keine Angst zu haben, jemals im Leben allein gelassen zu werden. Sie werden überall, wo Sie erscheinen, mit offenen Armen empfangen werden. Das heißt aber nicht, daß Sie anderen Honig um den Mund schmieren sollen. Sie brauchen nur das Positive, das Ihnen gefällt, zu erwähnen, anstatt Negatives zu kritisieren. – Auch verstecktes Lob gegenüber Dritten kommt zurück. Üben Sie sich darin, Positives bei anderen zu bemerken, und artikulieren Sie es. Und wenn Sie das nächste Mal jemanden loben, denken Sie auch daran, daß jeder Mensch es gerne hat, beim Namen genannt zu werden:

„Ich weiß deine Ehrlichkeit zu schätzen, Monika."

„Sie schaffen es bestimmt, Herr Schreiber." Unterschätzen Sie die Wirkung dieser einfachen Worte nicht. Diese Art von aufrichtiger Anerkennung kann andere freudig stimmen. Sie gewinnen Menschen durch freundliches Entgegenkommen und haben selbst mehr Freude am Leben.

Nehmen Sie zur Kenntnis, daß wir alles, was wir bekommen wollen, erst einmal selbst geben müssen. Lob und Anerkennung zu verteilen ist positiv, wir gewinnen dadurch Kraft und Zufriedenheit. Dagegen ist es negativ, von anderen Lob und Anerkennung zu erwarten, denn Erwartungen führen meist zu Enttäuschungen und stoßen andere ab.

Ratschläge

▪ Stellen Sie sich selbst als ein freundliches lobendes Wesen vor, das seinen Mitmenschen Zuneigung und Anerkennung schenkt.

▪ Üben Sie, auf versteckte Weise zu loben.

▪ Vergessen Sie nicht, beim Loben ihren Mitmenschen beim Namen zu nennen.

▪ Machen Sie es sich zur Gewohnheit zu loben, wenn Ihnen etwas gefällt, anstatt nur zu kritisieren, wenn Ihnen etwas mißfällt.

▪ Achten Sie auf die positiven Seiten Ihrer Mitmenschen, und loben Sie diese.

---

[60] Carnegie, Dale: Wie man Freunde gewinnt. Scherz Verlag, München. Seite 51

[61] Dreikurs, Rolf; Stoltz, Vicki: Kinder fordern uns heraus. Klett Verlag, Stuttgart. Seite 42

Seien Sie ein Optimist

„Der Optimist baut Brücken über den Abgrund!"

Früher dachte ich: Wie kann man Optimist sein in dieser Welt voller Elend und Armut? Dann las ich, was andere darüber geschrieben haben:

„Sie selbst bestimmen mit Ihren Gedanken, mit ihrer geistigen Einstellung, ob Sie als Pessimist ewig vom Pech verfolgt werden oder ob Ihnen als Optimist das Leben Ihre Wünsche erfüllt."[62]

„Die Macht optimistischer wie ebenso pessimistischer Zukunftserwartungen wirkt sich sehr entscheidend im Leben des Menschen aus. Der optimistische Mensch ist in der Mehrzahl seiner Handlungen erfolgreich. Sein Unterbewußtsein verfügt über die besten Voraussetzungen, für ihn vorteilhaft zu arbeiten.

Ganz anders sieht es dagegen beim Pessimisten aus. Sein Mißerfolg ist ebenfalls schon vorprogrammiert. Dinge entwickeln sich nun einmal besser, wenn Sie sich positiv zu ihnen stellen und nicht Schlechtes, sondern Gutes erwarten. Diese fundamentale Tatsache erwähnt auch schon die Bibel: „Alles ist dem möglich, der glaubt."[63]

Mit der Zeit wurde mir bewußt, wie ich mich all die Jahre von den pessimistischen und negativen Einstellungen meiner Mitmenschen hatte anstecken lassen, auf sie gehört und danach gehandelt hatte. Eine eigene Meinung fehlte mir damals.

Wenn ich irgendwo eingeladen war und andere Bekannte traf, hörte ich bei den Gesprächen nur über Krankheiten, Elend, Mißgeschick und andere furchterregende Dinge. Die Welt schien voll von Schrecklichem zu sein. Es gab kaum andere Themen. Zum Beispiel wurde erzählt:

---

[62] Tepperwein, Kurt: Geistheilung durch sich selbst. Goldmann Verlag, München. Seite 201

[63] Ryborz, Heinz: Die Kunst, Ihr Leben zu meistern. Ariston Verlag, München. Seite 64

– „Habt ihr schon gehört, daß eine Grippewelle im Anmarsch ist? Das letzte Mal,
als es mich traf, war es sehr schlimm. Ich
kann euch nur warnen."
– „Die arme Frau Rybak ist bestohlen worden. Jetzt zittert sie jede Nacht vor
Angst."
– „Herr Sievers ist endlich gestorben. Der
hat sich doch nur gequält."
– „Die Regenwälder werden gerodet. In
einigen Jahren haben wir keinen Sauer-
stoff mehr."

Wenn ich nach Hause kam, erzählte ich
meinen Kindern von den Neuigkeiten und
versetzte sie ebenfalls in Angst. Eigentlich
bin ich von Natur aus ein fröhlicher
Mensch. Aber nach solchen Besuchen war
meine Laune verdorben. Am nächsten Tag
begann ich mich auf die angekündigte
Grippewelle vorzubereiten und mich darüber zu informieren, wie man dieser am
besten begegnen könnte. Aber manchmal
nützen die Vorbereitungen nichts. Es traf
uns alle der Reihe nach.

In meinen Selbsthilfebüchern las ich, daß
der Weg zu Erfolg, Glück und guter Leistung für jedermann offen sei, wenn er sich
nicht von pessimistischen Gedanken und
Ängsten leiten lasse. Genau das, nämlich
Erfolg und gute Leistung, wollte ich und
öffnete mir den Weg dazu, indem ich meine Gedanken änderte. Im Grunde ist es
sehr einfach: Früher erwartete ich immer
das Schlimmste und bekam es. Heute erwarte ich das Beste und bekomme es ebenfalls.

Alle diese schrecklichen Geschichten, die
Sie über Vergewaltigung, Mord, Entfüh-
rung und Verbrechen tagtäglich hören,
sehen und lesen, werden von Menschen
verbreitet, die das Opfer ihrer eigenen
negativen Vorstellungen geworden sind.
Sie sind sich dessen nur nicht bewußt.
Aber der Mensch ist kein Konstruktionsfeh-
ler! Uns ist die Möglichkeit gegeben, in
Vollkommenheit, Gesundheit und Reichtum zu leben, aber auch in Unvollkommen-
heit, Krankheit und Armut. Es liegt zum
großen Teil an uns zu entscheiden, welches
Dasein wir bevorzugen.

Optimismus bedeutet Glaube und Vertrau-
en, und zwar darauf, daß Ihnen das Schicksal wohlgesonnen ist. Die Schöpfung kann
Ihnen nur helfen, wenn Sie daran glauben.
Vielleicht kennen Sie die Geschichte von
den zwei Fröschen, die in einen Eimer voller Milch fallen. Einer war Pessimist und
meinte: „Es ist hoffnungslos, hier herauszu-
kommen", und ertrank. Der andere war ein
Optimist und sagte: „Ich weiß zwar nicht,
wie ich hier herauskommen könnte, aber
ich will so lange weiterstrampeln, wie es
geht." Er bewegte sich unentwegt, bis die
Milch zu Butter wurde. Dann kletterte er
auf den Klumpen und sprang hinaus.
Handeln Sie ebenso wie der Frosch:
Was Sie auch denken, richten Sie Ihre Gedanken stets auf den Erfolg. Sagen Sie sich:
– „Alles, was ich anfasse, gelingt mir."
– „Ich werde zu jeder Zeit in jeder Hinsicht gefördert."
– Ich habe immer Glück."

Mit solchen Gedanken können Sie sich positiv stimmen. Haben Sie einen Wunsch,
ein Ziel, so stellen Sie es sich vor, als ob
Sie es bereits erreicht hätten – das ist der
beste Weg, das Ziel tatsächlich zu erreichen. Geben Sie Ihrem Leben eine positive
Richtung, um Ihre Wünsche zu erfüllen.
Denken Sie aber niemals: „Ich bin ein
Pechvogel, ich habe kein Glück." Oder:
„Hoffentlich erreiche ich mein Ziel, hoffentlich werde ich gesund, hoffentlich gelingt es mir." Richten Sie Ihre Gedanken
statt dessen stets auf Erfolg und zweifeln
Sie nicht an ihm. Wenn Sie aber kein Vertrauen haben, können Sie sich noch so sehr
an das geistige Gesetz halten, und dennoch
werden Zweifel kommen. Jeder Zweifel
aber, so gering er auch sein mag, mindert
das Ergebnis Ihrer Vorstellung.
Sie brauchen sich keine Gedanken darüber
zu machen, wie Ihre Vorstellung sich verwirklicht. Wir wissen zum Beispiel auch

nicht, wie ein Flugzeug gebaut wird und fliegen trotzdem gerne damit. Ebensowenig wissen wir, wer uns lenkt und wie, wir müssen nur Vertrauen haben und uns auf unser Ziel konzentrieren. Ich kann Ihnen nicht sagen, warum das so ist. Unser Verstand ist zu klein, um die sicherlich sinnvolle Ordnung der Welt zu begreifen – aber ich handle nach ihr, seitdem genieße ich das Glück, das ich mir selber geschaffen habe. Jeder Tag ist für mich ein Abenteuer, denn ich gestalte ihn selbst.

„Die Welt ist viel zu weit,
als daß sie der Mensch begreifen könnte. "

Ratschläge:
■ Wenn ein halbvolles Glas mit Wein vor Ihnen steht, sagen Sie nicht „Wie schade, daß das Glas bald leer ist", sondern „Schön, daß es noch halb voll ist."
■ Wenn Sie sich etwas Bestimmtes kaufen wollen, so sagen Sie nicht „Man findet ja doch nicht, was man haben will", sondern stellen Sie sich das Gewünschte im Geiste vor mit Form, Farbe, Größe sowie allen Einzelheiten, und machen Sie sich vertrauensvoll auf den Weg. Seien Sie sicher, daß Sie das Ersehnte finden.
■ Spricht jemand über Krankheiten, so hören Sie nur halb zu. Lassen Sie sich nicht verängstigen. Tun Sie etwas für Ihre Gesundheit, aber beschäftigen Sie sich nicht mit Krankheiten. Stellen Sie sich täglich als einen gesunden Menschen vor.
■ Wenn Sie irgendwo eingeladen sind, sagen Sie nicht: „Ich kenne niemanden.

Bestimmt wird sich keiner um mich kümmern." Richten Sie Ihre Gedanken statt dessen auf Erfolg: Stellen Sie sich vor, wie gern Sie empfangen und wie gut Sie sich dort unterhalten werden.
■ Wenn Sie eine Stellung suchen, denken Sie nicht „Ich bekomme diese Stelle nicht", sondern stellen Sie sich vor, wie man Sie begrüßt, sich mit Ihnen unterhält und sich für Sie entscheidet. Jeder Zweifel an sich selbst führt zu Unsicherheit im Auftreten und Verhalten.
■ Wenn Ihnen eine Prüfung bevorsteht, stellen Sie sich vor, wie Sie diese mit Leichtigkeit bestehen.
■ Wollen Sie Erfolg bei Ihren sportlichen Aktivitäten haben, so stellen Sie sich immer als Sieger vor.
■ Stimmen Sie sich immer positiv, zum Beispiel durch folgende Sätze:
„Sobald ich gefragt werde, weiß ich sofort die richtige Antwort."
„Alles, was ich anfasse, gelingt mir."
„Ich werde zu jeder Zeit in jeder Hinsicht gefördert."
„Ich habe immer gute Ideen."
„Ich habe immer Glück."
„Gesundheit und Wohlstand sind mir beschieden."
„Ich bin ein Sieger in jeder Beziehung." Bilden Sie noch mehr solche positiven Sätze. Sie werden sehen, wie sich Ihr Leben mit dieser Hilfe zum Guten hin ändert.

„Das Leben besteht aus guten und schlechten Tagen;
Und meistens liegt es an uns, wie diese beschaffen sind. "

Ihr Schlüssel zum Glück ist Liebe

„Der Geist, der allen Dingen Leben verleiht, ist Liebe."

Liebe ist das einzige, was wir verschwenden sollten, denn je mehr wir geben, desto mehr werden wir erhalten."[64]

„Liebe ist das Fundament für Ehe und Familie. Mangelnde Liebe kann ein Menschenleben erschüttern und seine normale Entwicklung verhindern. Die sicherste Voraussetzung für ein erfülltes Leben ist die Fähigkeit, Liebe geben und empfangen zu können. Leider haben die Menschen eine sentimentale und eine kindische Vorstellung von Liebe. Sie verwechseln Besitzgier und Selbstsucht damit. Wahre Liebe aber hält den Menschen nicht fest. Sie läßt ihn gehen. Eine reife Persönlichkeit wird nie versuchen, den anderen mit seinen Gefühlen an sich zu ketten, sondern wünscht für ihn die Freiheit, genau wie für sich selbst. Genau wie jede andere schöpferische Kraft gedeiht Liebe nur in Freiheit. Liebe bedeutet, dem anderen geben, was er braucht zu seinem Besten und nicht zum eigenen Besten. Sie schafft die Atmosphäre und den Nährboden, in denen der andere wachsen und gedeihen kann."[65]

Diese Erklärungen der Liebe sind beeindruckend und fordern dazu auf, über dieses Thema gründlich nachzudenken. Der Kern der Erklärungen ist folgender: Geben ist wichtiger als nehmen. Und auch wenn man nichts empfangen hat, kann man anderen etwas geben.

Haben Sie eigentlich bemerkt, wie gerne Menschen Liebesgeschichten lesen, sehen und erleben, am Bildschirm, im Kino und Büchern? Billige Liebesgeschichten verkaufen sich in Deutschland besser als anderes. Zwei Liebende zu sehen geht uns durch und durch. Sehnsüchtig wünschen

---

[64] Tepperwein, Kurt: Geistheilung durch sich selbst. Goldmann Verlag, München. Seite 108

[65] Carnegie, Dorothy: Das Leben meistern. Verlag Lebendiges Wort, Pohlheim-Dorf Güll.

sich viele ebenfalls, zu lieben und geliebt zu werden. Dies zeigt nur, daß den meisten Menschen diese notwendige „Nahrung" fehlt.

In meiner Heimat ist es tabu, in der Öffentlichkeit zu zeigen, daß man sich liebt; nur die Liebe zu Gott darf man öffentlich bekunden. Deshalb werden viele Liebesfilme gedreht. Indiens Filmproduktion steht sogar an erster Stelle der Welt. Dabei stellt die Liebe zweier Menschen zu 90 Prozent den Kern eines indischen Filmes dar. Die Inder strömen täglich zu Millionen in die Kinos und nehmen Anteil an der Liebe zweier Menschen. Wenn man die Liebe im täglichen Leben schon nicht erlebt, dann will man sie wenigstens bei anderen sehen. Jeder von uns besitzt die Liebesfähigkeit. Im Grunde liebt fast jeder von uns diese Welt. Negative Gedanken und Gefühle entstehen nur dadurch, daß wir an unser Glück, aber nicht an das Glück des Nächsten denken. Regungen wie Eifersucht, Kritik, Neid, Haß, Mißtrauen und Erwartungen entfernen uns von der Liebe. Viele Menschen glauben, gesunde Eifersucht sei notwendig, um die Liebe frisch zu erhalten, oder Eifersucht sei ein Zeichen der Liebe. Aber das ist falsch. Das sagen nur Menschen, die ihren Partner besitzen wollen.

Eine der größten Erfüllungen im Leben ist die Liebe zur Arbeit. Menschen, die ihre Arbeit mögen und mit Leib und Seele in ihr aufgehen, werden ganz selten krank. Sie haben keine Zeit, sich zu sorgen und zu ängstigen. Unnötige Sorgen machen sich überwiegend solche Menschen, die ihr Leben nicht gestalten können, die nur Leere und Langeweile empfinden. Ein „arbeitswütiger" Mensch kann zuweilen vergeßlich sein und seine familiären Pflichten vernachlässigen oder alles, was außerhalb seiner Arbeit liegt, als unwichtig und langweilig betrachten; aber man kann ihm auf sanftem Wege beibringen, daß das Leben nicht nur aus seiner Arbeit besteht.

Wenn Sie lernen wollen, Liebe zu entwickeln und zu geben, müssen Sie sich von alten und falschen Einstellungen befreien, auch wenn es nicht einfach ist. In den Selbsthilfebüchern finden Sie die Lösung Ihres Problems, die sich folgendermaßen zusammenfassen läßt:

„Die Vorstellungskraft ist eine stärkere Kraft als die Willenskraft. Im Falle eines Konfliktes zwischen Vorstellungskraft und Willen pflegt immer die Vorstellungskraft zu gewinnen."

(Emile Coué)

Unsere Vorstellungskraft hilft uns also, Liebe zu entwickeln. Das, was wir uns vorstellen, denken wir auch. Also muß man positive Gedanken entwickeln und sie sich vorstellen.

Ich verfahre dabei folgendermaßen: Jeden Morgen, Mittag und Abend beim Meditieren sage ich mir: „Ich will vieles geben, denn ich liebe meine Familie, meine Freunde und meine Arbeit. Das Geben macht mir Freude, ich fühle mich glücklich." Ich denke an alle Menschen, die mir etwas bedeuten, und stelle mir vor, wie ich sie umarme. Ich lache über die Untaten der Kinder. Im Geiste sehe ich, wie sie in der Schule sitzen und lernen oder wie sie auf mich zulaufen und mich küssen. Diese Vorstellung erfüllt mich mit Liebe. Dann denke ich an die Streitgespräche mit meinem Mann und lache darüber. Ich vergegenwärtige mir seine positiven Eigenschaften und wie sehr wir ineinander verliebt waren.

Weiter stelle ich mir meine Mutter und meine Geschwister vor, wie wir zusammensitzen und über Probleme reden, wie wir lachen und die Gemeinschaft genießen. Ich liebe sie alle und habe Freude an ihnen. Ich stelle mir die Menschen vor, die um mich herum leben: Nachbarn, Freunde, Bekannte und Kollegen. Sie sind fröhlich, zornig, glücklich, betrübt, verwundbar, ausgelassen, und auch sie liebe ich in gewisser Weise. Ohne sie wäre ich einsam.

Unsere Gedanken haben eine ungeheure Macht. Machen wir uns positive Gedanken, vertreiben wir die negativen; tun wir dies regelmäßig, geht uns das in Fleisch und Blut über. Liebevolle Gedanken auszustrahlen, heißt wie ein Magnet zu sein, der alles Positive anzieht.

Stellen wir uns oft und regelmäßig solch positive Dinge vor, so geht das positive Denken bald in Fleisch und Blut über.

„Alles, was Sie lieben, kommt zu Ihnen."
(Erhard Freitag)

Menschen die stets von Liebe erfüllt sind, brauchen keine Kosmetik für ihre äußere Schönheit:

„Soviel in Dir die Liebe wächst,
soviel wächst in Dir die Schönheit,
denn Liebe ist die Schönheit der Seele."

Vergessen Sie auch nicht, sich selbst zu lieben. In der Bibel werden wir aufgefordert, unsere Nächsten zu lieben wie uns selbst. Dies ist die Voraussetzung, damit Sie andere lieben können. Um die Selbstliebe in mir wachzurufen, stelle ich mir folgendes vor: Ich beobachte mich, wie ich meine vorgenommenen Ziele erreiche. Ich bin dabei heiter, gelassen, glücklich und zufrieden. Ich strahle diese Eigenschaften in meine Umgebung aus. Das Echo kommt zurück, und das ist ein schönes Gefühl. Dann sehe ich mich bei diversen Arbeiten des Alltags, wobei ich singe. Wenn Unlustgefühle bei der Arbeit auftauchen, denke ich an kranke und behinderte Menschen, die gern arbeiten würden, aber nicht können. Ich schaue im Spiegel auf meinen gesunden Körper und kehre schnell und freudig zu meiner Tätigkeit zurück.

Mit Hilfe dieser Vorstellungen veränderte ich mich allmählich; schon nach drei Monaten zeigten sich Veränderungen.

So wie die Schönheit des Gartens zur Geltung kommt, wenn er vom Unkraut befreit wird, so kommt die Liebe zum Vorschein, wenn man sich vom negativen Denken befreit. Bei mir bewirkte die veränderte innere Wandlung, daß die Liebe der anderen, die ich vorher von mir weggestoßen hatte, zu mir zurückkehrte. Meine Beziehungen zu meinen Mitmenschen wurden harmonisch. Bereits nach drei Monaten zeigten sich die ersten Erfolge, und bald war mein seelisches Gleichgewicht vollkommen hergestellt. Ich hatte erreicht, was ich wollte.

Menschen, die ihre Liebesfähigkeit nicht entfaltet haben und diese Welt nicht lieben, besitzen keine Anziehungskraft. Sie werden selbst auch oft nicht geliebt und leiden darunter. Ihr enttäuschtes und unzufriedenes Verhalten strahlen sie auf andere aus. Sie sind negativ und stoßen ab. Ein liebender Mensch hingegen ist absolut positiv. Er zieht an.

Erhard Freitag hat das Wesen der Liebe sehr schön zum Ausdruck gebracht:
„Zuerst wollte ich das Leben erobern, aber es besiegte mich. Dann versuchte ich das Leben zu ergründen, aber ich verlor mich in seiner Unendlichkeit. Schließlich meinte ich, man müßte das Leben sorgfältig einteilen, aber es entzog sich mir. Dann endlich, zögernd und unbeholfen, versuchte ich, das Leben zu lieben. Da umarmte es mich mit überwältigender Freude!"[66]

Ratschläge

■ Entwickeln Sie Ihre Liebesfähigkeit durch Ihre Vorstellungskraft, die Sie in Ihrer täglichen Meditation entfalten können.

■ Genau wie man sich interessieren muß, um interessant zu werden, muß man lieben, um geliebt zu werden. Liebe ist bedingungslos, deshalb sollten Sie andere Menschen bedingungslos lieben, ohne dabei nach Ihrem Vorteil zu fragen.

■ Vergessen Sie die Selbsthilfe nicht.

---

[66] Freitag, Erhard: Hilfe aus dem Unbewußten. Goldmann Verlag, München.

Entwickeln Sie Humor

„Und kommt es Dir zuweilen vor,
als ächze schwer Dein Lebenskarren,
öl rasch die Räder mit Humor,
dann hört er wieder auf zu knarren.

Mit diesem Grundsatz hatte ich zum Glück keine Schwierigkeiten. Dieses positive Talent ist mir von Natur aus gegeben. Ich mußte es nur noch erweitern. Menschen dagegen, die keinen Humor haben, werden viel mit sich ringen müssen, wenn sie sich diesen aneignen wollen. Wer jedoch den Willen hat, ein humorvoller Mensch zu werden, der schafft es auch.

Viele Menschen nehmen das Leben viel zu ernst. Dabei weiß jeder, daß ein Scherz, ein Witz oder komische Bemerkungen ein großes Problem nicht mehr so groß und eine ernste Situation nicht mehr so ernst erscheinen läßt. Und was die heilende Kraft des Humors betrifft, so wird Ihnen Heinz Ryborz darüber Auskunft geben:

„Die Bedeutung des Lachens und des Humors für die körperliche und seelische Gesundheit ist schon von alters her bekannt. Die Fähigkeit zum Lachen ist sogar eines der charakteristischen Merkmale des Menschen, das ihn vom Tier unterscheidet. Lachen ist eine spontane Reaktion sehr komplexer Struktur. Die verschiedenen Muskelsysteme werden dabei beansprucht, und das arterielle Gefäßsystem erweitert sich. Lachen führt auch zu einer Spannungsabnahme der Skelettmuskulatur unseres Körpers."[67]

Ein fröhlicher Mensch mit Humor ist absolut positiv. Er besitzt viel mehr Anziehungskraft als ein mürrischer Mensch. Denken Sie an Till Eulenspiegel, der heute noch unsterblich ist, weil er die Menschen zum Lachen brachte. Und wer kennt nicht Charlie Chaplin, dessen Komik weltbekannt ist und immer unvergeßlich bleiben wird. Das Leben ist schwer genug, sagt der Volks-

---

[67] Ryborz, Heinz: Die Kunst, Ihr Leben zu meistern. Ariston Verlag, München. Seite 100

mund, ein Grund mehr, es auf die leichte Schulter zu nehmen, sage ich.

Unser Leben sollten wir lieber lachend zubringen als weinend. Mit einem Lächeln läßt sich das Leben leichter ertragen und bewältigen als ohne. Auch wenn uns jemand bewußt oder unbewußt ärgert, ist es immer besser zu lächeln als zu grollen. Außerdem sind die Aussagen anderer oft gar nicht kränkend gemeint. Die Menschen kommen nicht auf die Idee, sich so ausgiebig mit Ihnen zu beschäftigen, wie Sie vielleicht glauben. Ihre eigenen kleinen und großen Probleme nehmen sie manchmal so sehr in Anspruch, daß sie nicht darüber nachdenken, wie andere ihre Worte auffassen. Und selbst wenn uns jemand kritisiert, sollten wir die Kritik als Grund nehmen, unser Verhalten zu prüfen. Denn nicht immer wird ein negatives Urteil ohne Grund ausgesprochen.

Mit etwas Training können Sie sich Humor im Alltag aneignen:

Als erstes sollten Sie lernen, über sich selbst zu lachen. Dann sollten Sie auch über die vielen kleinen Mißgeschicke des Alltags lachen können, zum Beispiel darüber, daß Sie in einem Stau auf der Autobahn steckengeblieben sind oder einen Termin vergessen haben. Mein Bruder hat das Talent, über sich selbst lachen zu können. Er arbeitet hin und wieder als Reiseleiter. Während einer Fahrt nach Paris erzählte er den Touristen etwas über die Stadt und warnte sie vor den Taschendieben in der Metro. Am selben Abend wurde ihm abends in der U-Bahn das Portemonnaie gestohlen. Er erzählte mir nach der Rückkehr von seinem Mißgeschick und fügte lachend hinzu: „Die Taschendiebe haben ein schlechtes Geschäft gemacht. Es waren nur 50 DM in drei Währungen darin."

Neulich schickte mir meine Freundin Margarita ein Rezept fürs „Glückliche Leben" von Goethes Mutter (1731 bis 1808). Da es zu meinen Ausführungen paßt, möchte ich es hier zitieren:

„Man nehme 12 Monate, putze sie ganz sauber von Bitterkeit, Geiz, Pedanterie und Angst, und zerlege jeden Monat in 30 oder 31 Teile, so daß der Vorrat genau für ein Jahr reicht.

Es wird jeder Tag einzeln angerichtet, aus einem Teil Arbeit und zwei Teilen Frohsinn und Humor. Man füge drei gehäufte Eßlöffel Optimismus hinzu, ein Körnchen Ironie und eine Prise Takt. Dann wird die Masse reichlich mit Liebe übergossen! Das fertige Gericht spicke man mit Sträußchen kleiner Aufmerksamkeiten und serviere es täglich mit Heiterkeit und einer guten Tasse Tee."

Ratschläge:

- Lernen Sie, über sich selbst lachen zu können!
- Entwickeln Sie in Alltagssituationen Humor!
- Sehen Sie Unangenehmes von der heiteren Seite!
- Eignen Sie sich mit Hilfe der Vorstellungskraft ein fröhliches und heiteres Wesen an!

Reden Sie nicht zuviel

„Klug zu reden ist oft schwer, klug zu schweigen noch viel mehr. "

„Leere Töpfe machen den größten Lärm. "

„Das Schweigen ist eine wundervolle Sprache, die nur wenige beherrschen. "

„Wer das letzte Wort haben will, spricht bald mit sich alleine. "

Diese und andere Sprichwörter stufen das Schweigen höher ein als das Reden, und das zu Recht. Redseligkeit ist meist ein Zeichen von Unsicherheit, Nervosität und Oberflächlichkeit der betreffenden Personen, die diese Eigenschaften mit ihrem Geschwätz überspielen möchten.

Im Laufe meines Lebens sind mir eine Menge Menschen begegnet, die die Gewohnheit haben, ununterbrochen zu reden und insbesondere Klatsch, Tratsch und Schlechtes über andere Menschen zu verbreiten. Frau Raabe zum Beispiel war eine solch redselige Frau. Wenn sie einen Bekannten oder Nachbarn traf, überflutete sie ihn mit einem Redeschwall und hielt ihn auf. Die meisten Menschen gingen ihr aus dem Wege; an ihrem Haus gingen sie nur ungern vorbei, aus Angst, sie könnte im Garten stehen oder gerade aus dem Haus treten und sie mit einem Redeschwall überfallen. Im Dorf hieß es: „Sie ist ja ein herzensguter Mensch, aber sie redet zuviel." Sicherlich kennen Sie ebenfalls solche Menschen in Ihrer Umgebung, die zwar im Grunde nett sind, die aber durch ihr Gerede unangenehm auffallen.

„Übertriebenes, unnötiges Reden ist im allgemeinen ein Zeichen von Dummheit und Nervosität; es ist das Geräusch einiger nichtssagender Ideen, die in einem halbleeren Kopf herumklappern. Ein Einfaltspinsel könnte den Anschein von Intelligenz erwecken, oder ein Nervenbündel könnte selbstsicher wirken, wenn jeder den Mund halten würde. Zuviel reden nützt niemandem. Es erschöpft im Gegenteil die Energie des Sprechenden; es bereichert weder den Geist des Sprechenden noch den seiner Zuhörer.[68]

Sie brauchen keine Angst zu haben, Freunde zu verlieren, wenn Sie wenig reden. Im Gegenteil: Sie gewinnen welche, denn wenn Sie ruhig sind, wird der andere von selber anfangen, von sich zu erzählen. Die meisten Menschen reden gern und viel über sich selbst. Wer hier eine Ausnahme macht, gilt als interessant; wenig, aber überlegt redende Menschen imponieren immer. Wählen Sie deshalb die Themen Ihrer Unterhaltungen sorgsam aus, damit Ihre Gesprächspartner mitreden können. Vielleicht kennen Sie das Buch „Momo" von Michael Ende. Es erzählt die Geschichte von einem kleinen Mädchen namens Momo, das die besondere Gabe hatte, zuhören zu können. Es wird gezeigt, daß Reden zwar prinzipiell nichts Schlechtes ist, solange man nicht über andere herzieht, aber im Vergleich zum Zuhören doch die geringere Kunst ist.

„Gehen Sie auf das, was man Ihnen sagt, mit Interesse ein, und schneiden Sie nicht die Rede anderer Leute ab. Leute, die ganze Unterhaltungen an sich reißen, sind selten anziehend oder charmant, denn eine Konversation sollte eine Angelegenheit des Gebens und Nehmens sein, in der beide Partner in der Lage sind, ihren Gedanken Ausdruck zu verleihen."[69]

Ratschläge

- Lassen Sie auch einmal anderen das letzte Wort!
- Denken Sie nach, bevor Sie reden!
- Stellen Sie sich selbst als einen Zuhörer vor!
- Wenn Sie Bekannte besuchen, dann überlegen Sie nicht, was Sie zu berichten wünschen, sondern was Sie für interessante Neuigkeiten in Erfahrung bringen können. Überlegen Sie sich die Fragen, die Sie stellen wollen. Wenn Ihnen keine einfallen, dann stellen Sie sich auf das Zuhören ein, und bleiben Sie ruhig. Lassen Sie die anderen sprechen. Wenn Ihre Mitmenschen bei einer Unterhaltung keine Ablehnung oder Zustimmung erhalten, werden sie einfach weiterreden, um nur ja keine peinliche Gesprächspause entstehen zu lassen. Indem Sie sich für andere interessieren und zuhören, gelten Sie automatisch als interessant: Die Leute kommen auf Sie zu. Das Zuhören wird Ihnen mehr Freude bereiten als das Reden. Üben Sie sich darin, und Sie werden staunen, wie beliebt Sie dadurch werden.
- Wenn Sie sich nicht passiv verhalten möchten, dann führen Sie eine Unterhaltung mit wechselseitigem Geben und Nehmen zwischen Ihnen und Ihrem Gesprächspartner, anstatt die ganze Unterhaltung an sich zu reißen und nur selbst zu erzählen.

---

[68] Hull, Raymond: Alles ist erreichbar. Rowohlt Verlag, Reinbeck. Seite 64

[69] Norvell, Anthony: Sei erfolgreich und wohlhabend. Goldmann Verlag, München. Seite 107

Leben Sie begeistert

„Alles, was wir brauchen, um wirklich glücklich zu sein, ist etwas, wofür wir uns begeistern können."

(Charles Kingsley)

Enthusiasmus ist ein anderes Wort für Begeisterung. Es stammt aus dem Griechischen und heißt „von Gott besessen sein" oder „worin ein Gott ist".

„Enthusiasmus kennzeichnet das unumschränkte Erfülltsein des Geistes von einer Idee, irgendeinem Interesse oder angestrebtem Ziel."[70]
„Begeisterung reißt den Menschen aus seiner Mittelmäßigkeit heraus und gibt seinem Leben Sinn und Freude. Begeisterung hilft, die eigenen Kräfte voll zu entfalten. Es gibt nicht wenige Menschen, die im Leben stets innerlich unbeteiligt sind. Sie läßt alles kalt. Wer aber teilnahmslos ist, führt wohl kaum ein Leben, nach dem er sich wirklich sehnt. Ihm fehlt der innere Antrieb, die Begeisterung."[71]
Durch Begeisterung erhöhen Sie Ihre Lebenskräfte. Sie vertreibt Furcht und läßt uns alle Probleme mit anderen Augen sehen. Sie ist wie ein Motor, der Sie bei der Verwirklichung Ihrer Wünsche vorwärtstreibt und auch die Lebensqualität verbessert. Begeisterung ist ein Zustand der Gnade, der unserem Dasein einen Sinn verleiht. Wir haben das Gefühl, an etwas Großem, Schönen beteiligt zu sein, eine große Kraft zu erfahren, die uns in die Höhe hebt, einem erwünschten Ziel entgegen.
Ich selbst habe dieses Gefühl schon oft erlebt. So bekam ich ein Fahrrad geschenkt, obwohl ich noch nicht gut Radfahren konnte. Ich hatte zuerst Angst, das neue große Rad zu benutzen. Dann wagte ich es aber doch, eine kleine Runde damit zu fahren.

---

[70] Murphy, Joseph: Leben in Harmonie. Goldmann Verlag, München. Seite 24

[71] Ryborz, Heinz: Die Kunst, Ihr Leben zu meistern. Ariston Verlag, München. Seite 60

Obwohl ich noch unsicher fuhr, begeisterte mich das Radeln sehr, ich wollte gar nicht mehr damit aufhören und wurde bei meinen häufigen Fahrten auch immer sicherer. Ebenso erging es mir mit dem Schwimmen. Nachdem ich die Technik erst einmal erlernt hatte, schwamm ich ohne fremde Hilfe im tiefen Wasser. Dies erfüllte mich mit solcher Begeisterung, daß ich am liebsten jeden Tag zum Schwimmen gegangen wäre. Und beim Erreichen anderer Ziele erging es mir ähnlich; ich erlebte eine beflügelnde Begeisterung.

Haben Sie schon einmal einen Hobbygärtner erlebt, der seinen Garten beschreibt, eine Frau erzählen hören, die eine kranke Pflanze verarztet und zum Blühen gebracht hat, oder einen Autoliebhaber von seinem neuen Modell schwärmen hören? Sie alle stecken uns mit ihrer Begeisterung an! Oder haben Sie schon mal ein Kind beobachtet, wenn es einen Turm fertiggebaut oder ein Bild zu Ende gemalt hat, wenn es zum ersten Mal auf eigenen Beinen steht oder endlich alleine radeln kann? Haben

Sie das Strahlen und Leuchten in seinen Augen gesehen? Es kommt von dem Gefühl, etwas Großes vollbracht zu haben. Es ist die Verwirklichung der Wünsche, die jedem Menschen Freude bereitet und mit Begeisterung erfüllt. Unsere Selbstentfaltung und vor allem unsere Erfolge lösen Begeisterung aus. Sie können unseren Alltag in ein Abenteuer verwandeln, in dem wir immer wieder neue Fähigkeiten entdecken.

Ratschläge

- Setzen Sie sich ein Ziel! Tun Sie alles, um dieses zu erreichen. Ihr Erfolg wird in Ihnen Begeisterung auslösen. Aufzugeben führt zu Mißerfolg und Auslöschung der Lebensfreude.
- Setzen Sie Ihre Vorstellungskraft ein. Sehen Sie sich als begeisterten Menschen, der sein gesetztes Ziel schon erreicht hat und Freude ausstrahlt.
- Nutzen Sie Zeit und Umstände. Jammern und Klagen über mangelnde Zeit und widrige Umstände töten jegliche Begeisterung.

Lächeln Sie

*„Das Lächeln, das Du aussendest,
kehrt zu Dir zurück."*

(Indische Weisheit)

*„Der kürzeste Weg zwischen zwei Men-
schen ist ein Lächeln."*

„Ein Lächeln kostet nichts und bringt viel
ein. Es kommt wie ein Blitz, man vergißt
es nie.
Man kann es nicht kaufen, nicht erbetteln,
nicht verleihen und nicht stehlen. Es ist
überhaupt wertlos auf Erden, es sei denn,
daß es freiwillig gespendet wird.
Wenn Sie jemanden treffen, der unter der
Last seiner Sorgen das Lächeln verlernt
hat, so erfreuen Sie ihn wenigstens durch
Ihr Lächeln.
Denn keiner hat dies Lächeln so nötig wie
der, der es auf immer verlernt zu haben
glaubt."[72]
Das Lächeln eines Menschen ist eine positive Ausstrahlung. Und das erste, worauf jemand bei einer neuen Bekanntschaft achtet, ist dessen Ausstrahlung. Es ist auch
immer das erste Lächeln des Säuglings, das
das Herz der Eltern jubeln läßt.
Was lächeln bewirken kann, möchte ich an
folgendem Beispiel verdeutlichen: Ich lernte vor Jahren eine Ausländerin kennen, die
nach Deutschland gekommen war. Sie war
mit einem Deutschen verheiratet, der mit
ihr Spanisch sprach. Sie beherrschte zwar
kein Wort der deutschen Sprache, aber –
sie konnte lächeln! Sie war immer fröhlich,
und obschon sie nichts verstand, hatte sie
die ganze Nachbarschaft auf ihrer Seite. Jeden bezauberte sie durch ihr Lächeln. Als
ich sie nach einiger Zeit wiedertraf, konnten wir uns schon etwas verständigen. Von
ihrer angenehmen und freundlichen Art
war ich sehr beeindruckt. Inzwischen sind
5 Jahre vergangen, und sie hat in einem
kontaktarmen Land wie Deutschland viele

---

[72] Carnegie, Dale: Wie man Freunde gewinnt. Scherz
Verlag, München. Seite 107

Freunde gewonnen und durch sie Deutsch gelernt. Mittlerweile beherrscht sie die Sprache fließend. Und das alles hat sie erreicht, weil sie die wunderbare Gabe hat, mit frohem Herzen auf alle Menschen zuzugehen, was sich in ihrem bezaubernden Lächeln ausdrückte. So haben ihr viele Menschen bereitwillig bei ihren sprachlichen Problemen geholfen.

Ratschläge:

■ Stellen Sie sich im Geiste vor, wie Sie immer lächelnd auf andere Menschen – Ihre Familie, Ihre Kollegen, Ihre Freunde und Bekannten – zugehen. Sie werden staunen, wie schnell sich die Vorstellung verwirklicht und wie sehr sich dadurch Ihre zwischenmenschlichen Beziehungen verbessern.

Seien Sie freundlich zu jedermann

„Sei freundlich gegen jedermann,
Das macht so froh und warm,
Wer Glück und Sonne spenden kann,
Wird nie im Leben arm!"

Als ich den Grundsatz der Freundlichkeit kennenlernte, stellte ich fest, daß ich als Kern der Familie wenig zu einer guten Familienatmosphäre beitrug, so daß in der Familie keine Harmonie entstehen konnte und alle oft schlecht gelaunt waren. Die Disharmonie in der Familie aber führt zu Disharmonie mit der Umwelt.
„Es ist besonders wichtig für das Familienleben, daß man sich einen liebenswürdigen Umgangston zur Gewohnheit macht. Benutzen Sie nicht nur das Essen zur Aufzählung ihrer Sorgen, Ängste, Kümmernisse oder zur Erhebung von Warnungen und Anklagen. Unterlassen Sie das zum Besten Ihrer Kinder, Ihrer selbst und Ihrer Verdauung! Und was noch wichtiger ist: Ihre Familie darf nicht das Gefühl haben, die Zusammengehörigkeit sei so selbstverständlich, daß Liebenswürdigkeit und Freundlichkeit sich daheim erübrigen. Die Nörgelei, die in so vielen Familien zum täglichen Ablauf gehört, ist ein guter Nährboden für viele neurotische Erscheinungen des späteren Lebens."[73]
Ein freundliches Wort ist wie eine Brücke, und ein freundlicher Mensch ist wie ein in den See fallender Tropfen, der immer weitere Kreise zieht. Freundlich zu unserer Familie und zu unseren Mitmenschen zu sein, heißt, niemals allein zu sein, weil wir durch diese positive Ausstrahlung andere anziehen. Ein freundliches Entgegenkommen signalisiert unserem Gesprächspartner, daß wir ihn akzeptieren. Er fühlt sich zu uns hingezogen, so daß Kontakt entstehen kann. Ein freundlicher Mensch hat auf diese Weise auch stets viele Freunde.

---

[73] Schindler, John A.: Die Heilkraft des seelischen Gleichgewichts. Biederstein Verlag, München. Seite 116

Wir können die Ausstrahlung eines Menschen mit dem Wetter vergleichen. Es zeigt sich unterschiedlich: mal wolkig, mal sonnig, mal regnerisch oder windig, dann wieder kalt oder warm. Ähnlich drücken wir mit unserem Gesicht unsere Stimmung aus. Und so wie die meisten Menschen sonniges Wetter dem regnerischen vorziehen, fühlen sie sich auch von einem heiteren, lachenden Menschen mehr angezogen als von einem griesgrämigen. Freundliche Menschen sind überall und immer gerne gesehen.

Wenn zum Beispiel ein neues Geschäft, ein Café oder eine Bank eröffnet wird, worauf achten Sie zuerst? Sicherlich darauf, ob Sie freundlich bedient werden oder nicht. Entsprechend geben Sie auch einem unfreundlichen Kellner sicher weniger oder gar kein Trinkgeld.

Ratschläge:

■ Seien Sie freundlich zu jedermann! Warten Sie nicht, bis andere freundlich zu Ihnen sind, sondern fangen Sie selbst damit an.

■ Nutzen Sie Ihre Vorstellungskraft. Stellen Sie sich als einen freundlichen Menschen vor!

■ Achten Sie auf den Ton Ihrer Stimme. Er sollte stets freundlich sein. Dies ist auch besonders wichtig im Umgang mit Kindern.

■ Ich empfehle Ihnen, den Tag so zu beginnen, wie ich es mir zur Gewohnheit gemacht habe, nämlich mit einem Lächeln im Spiegel. Wenn Sie es versuchen, werden Sie sehen, daß Sie bald von freundlichen Menschen umgeben sind. Denn wer zu sich selbst freundlich sein kann, ist es auch zu anderen.

Haben Sie Geduld

„Zu wissen, wie man abwartet, ist das große Geheimnis des Erfolgs."

„Wer sein Leben meistern will, braucht Geduld und muß lernen, jeden Tag einen oder mehrere kleine Schritte vorwärts zu machen. Geduldige Beharrlichkeit ist eine große Macht, deren sich ein Mensch bedienen kann."[74]

Dies ist ein Grundsatz, dessen Befolgung mir große Schwierigkeiten machte, denn ich war ein spontaner Mensch, sprunghaft, unternehmungslustig, ungeduldig und oft oberflächlich. Meine Ziele glaubte ich in wenigen Minuten erreichen zu müssen, falls es doch länger dauerte, gab ich mein Vorhaben auf.

Wenn Sie ein ebenso spontaner, sprunghafter und ungeduldiger Mensch sind wie ich früher, wird Ihnen das Erlernen der Geduld sicher ebenso schwer fallen. Doch ist für jedes Ziel, das wir erreichen wollen, Geduld eine Notwendigkeit, denn alles braucht seine Zeit. Große Ziele brauchen viel Zeit, kleinere weniger. Menschen, die aufgeben, weil es ihnen zu lange währt, wenn sie ihr Ziel nicht gleich beim ersten Anlauf erreichen, möchte ich mit folgender Weisheit eine Stütze geben:

„Fürchte Dich nicht vor dem langsamen Vorwärtsgehen. Fürchte Dich nur vor dem Stehenbleiben."

Manche sagen: „Ich möchte so gerne ein Buch lesen, aber ich habe keine Zeit dazu. Wenn ich anfange zu lesen, dann will ich es auch schnell durchhaben. Weil ich das nicht schaffe, fange ich erst gar nicht an." Das ist Unsinn. Unsere Mahlzeiten können wir auch nicht auf einmal hinunterschlucken, sondern wir essen sie in kleinen Happen. Es ist nicht nötig, ein Buch in kürzester Zeit durchzulesen. Wenn wir jeden

---

[74] Ryborz, Heinz: Die Kunst, Ihr Leben zu meistern. Ariston Verlag, München. Seite 71

Tag ein oder zwei Kapitel bewältigen würden, könnten wir zufrieden sein. Wir würden unser Ziel auch so erreichen. Die Zeit zum Lesen müssen wir uns meistens nur einrichten.

Wichtig ist, daß wir uns, gleich was wir vorhaben, zuerst einmal „Nahziele" setzen. Sind wir auf diese Weise unserem Fernziel ein Stück näher gekommen, beflügelt uns das Gefühl, bereits etwas erreicht zu haben, und treibt uns weiter vorwärts, unserem Fernziel entgegen.

Das Hobby meines Mannes zum Beispiel ist das Basteln von Modellschiffen, womit er vor etwa 15 Jahren begann. Regelmäßig verbrachte er seine Freizeit damit und las auch Bücher über Schiffe. Stets war er mit Liebe, Geduld und Freude bei der Sache. Nie hat er sein Hobby vernachlässigt. Mittlerweile könnten seine vielen Schiffe ohne weiteres ausgestellt werden, so kunstvoll sind sie angefertigt. Er hat sich auf dem Gebiet Kriegsschiffe immense Kenntnisse angeeignet und im Zusammenhang damit auch einen Überblick über die Weltgeschichte gewonnen. In der nächsten Zeit will mein Mann sogar ein Buch über das Basteln von Modellschiffen schreiben. Unser ältester Sohn, der mit 6 Jahren unter der Anweisung seines Vaters ebenfalls zu basteln anfing, ist heute mit 16 Jahren schon ein erfahrener Modellbastler von Flugzeugen. Zur Zeit sucht er eine Gruppe interessierter Jugendlicher, denen er sein Wissen vermitteln könnte.

„Große Werke werden nicht durch Stärke, sondern durch Beharrlichkeit vollbracht."
(Samuel Johnson)

Menschen, die keine Geduld haben, erreichen im Leben nichts. Enttäuscht und unzufrieden, bewundern sie andere und sind neidisch. Dadurch wirken Sie negativ sowie abstoßend. Menschen mit Geduld hingegen erreichen meist alles, was sie sich vornehmen. Haben Sie nicht auch schon Menschen bewundert, die Geduld und innere Ruhe ausstrahlen? Sie ziehen einen geradezu an. Ihre Geduld können Sie entwickeln. Sie brauchen dazu nur Ihren Willen.

Ratschläge:

- ■ Sobald Sie merken, daß Sie ungeduldig und unruhig werden, atmen Sie mehrmals tief durch, und sprechen Sie sich selbst das Wort „Ruhe" vor.
- ■ Setzen Sie sich Ziele, und konzentrieren Sie sich stets auf eins davon. Wer hinter zwei Hasen gleichzeitig herläuft, der fängt keinen.
- ■ Teilen Sie Ihr Fernziel in viele kleine Nahziele ein!
- ■ Meditieren Sie.
- ■ Stellen Sie sich selbst als einen geduldigen Menschen vor.

Lernen Sie, gelegentlich nein zu sagen

„Wer jedermanns Freund sein will, ist zum Schluß jedermanns Depp."

(Franz-Josef Strauß)

Das menschliche Bedürfnis nach Lob und Anerkennung ist so stark, daß wir oft nicht fähig sind, nein zu sagen, obwohl wir es eigentlich zu sagen wünschten. Wir neigen zu der irrigen Meinung, wir könnten Liebe und Sympathie bei anderen nur erwecken oder aufrechterhalten, wenn wir zu allem ja und amen sagen. Ein Nein, so glauben wir, würde den Verlust dieser Sympathie bedeuten. Wir haben Angst davor, aus der Gemeinschaft ausgeschlossen zu werden oder etwas zu versäumen.

Rosalie und Peter sind ein typisches Beispiel dafür. Man traf sie überall im Dorf, egal, wo man hinging. Solange ich sie kannte, hatten sie noch nie auf einer Feier oder bei einem Treffpunkt gefehlt. Rief man sie an, waren sie sofort zur Stelle. Sie wußten von jedem Treffen, denn sie wollten überall dabeisein. Sie verhielten sich meist so, wie es von den anderen erwartet wurde. Zum Beispiel waren sie die ersten, die gerufen wurden, wenn Hilfe nötig war, und fühlten sich dadurch wichtig und ernst genommen. Ja, sie waren sogar stolz darauf, immer und überall anwesend zu sein. Dabei merkten sie nicht, wie sie von anderen ausgenutzt und oftmals hinter ihrem Rücken ausgelacht wurden.

Wer sich auf diese Weise ausnutzen läßt, ist weder hilfsbereit noch großzügig. Vielmehr ist er auf der Flucht vor sich selbst oder auf der Jagd nach billiger Anerkennung. Früher war ich genauso, aber heute weiß ich, daß Menschen, die nie nein sagen können, von anderen mehr halten als von sich selbst. Und wer von sich selbst nichts hält, von dem halten die anderen letztlich auch nicht viel.

Die Kunst des Neinsagens ist wie vieles andere erlernbar. Dazu ist es wichtig, sich selbst zu kennen, denn man muß wissen, was man will und was man nicht will. Versuchen Sie Ihre ureigensten Wünsche und Ziele herauszufinden, und richten Sie sich danach.

Ihre Mitmenschen reagieren auf gelegentliche Ablehnung ganz bestimmt nicht empfindlich, im Gegenteil: Sie werden neugierig und fragen Sie nach dem Grund. Man wird Sie auch nicht beim nächsten Mal ausschließen, vielmehr fördert gelegentliches begründetes Ablehnen Freundschaft, Sympathie, Liebe und Anerkennung. Nur sollten Sie Ihre Ablehnung oder abweichende Meinung niemals unfreundlich oder aggressiv zum Ausdruck bringen. Bleiben Sie freundlich! Auf diese Weise vermeiden Sie Mißverständnisse.

„Man kann mit Bestimmtheit nein sagen und doch freundlich und nicht aggressiv sein. Wenn Ihre Mitmenschen Sie gern haben, werden sie eine gelegentliche Weigerung oder Zurückweisung durchaus akzeptieren. Ja, man wird Sie sogar schätzen, weil man Sie für ehrlich hält, und Sie als einen Menschen mit Charakter respektieren.

Wer zu allem ja und amen sagt, kann nie auf wirkliche Liebe zählen.“[75]

Menschen, die nicht nein sagen können, haben in vielen Fällen keine eigenen Interessen. Sie sind ganz stark von der Umwelt abhängig.

Folglich bestimmen Enttäuschung und Unzufriedenheit ihr Dasein, und ihr Verhalten ist negativ.

Ratschläge:

■ Erkennen Sie sich selbst, indem Sie sich fragen:
  – Wer bin ich?
  – Was will ich?
  – Wer und was ist für mich wichtig, wer und was nicht?
  – Welche Interessen habe ich?
■ Schreiben Sie sich die Antworten auf, und handeln Sie danach.
■ Stellen Sie sich vor, wie Sie in bestimmten Situationen freundlich ablehnen.
■ Meditation hilft Ihnen, zu sich selbst zu finden.

[75] Stevens, Peter H.: Es gibt immer einen Ausweg. Moderne Verlagsgesellschaft, München. Seite 86

Bleiben Sie konsequent

Gibt man jemandem den kleinen Finger, so wird oft die ganze Hand genommen, manchmal sogar der ganze Arm, der ganze Mensch. In unserem Leben geschieht es zuweilen, daß wir mit Menschen zusammenleben müssen, deren negatives Verhalten uns nicht gefällt. Auch wenn wir schimpfen, kritisieren, nörgeln, drohen und klagen, ändert sich nichts, im Gegenteil, wir schädigen uns selbst. Schließlich fügen wir uns in unser Schicksal und glauben, daß wir mit diesem unsympathischen Menschen zusammenleben müssen, ohne uns mit ihm arrangieren zu können. Fatalismus hilft aber nicht weiter. Wollen wir das negative Verhalten eines Mitmenschen ändern und ihn in positive Bahnen lenken, müssen wir konsequent sein und handeln, wie es das folgende Beispiel zeigt:

Beim Ehepaar Scherz gab es eine Krise, weil der Mann zuviel trank und Frau und Kinder darunter litten. Frau Scherz schimpfte und drohte, aber es nützte nichts. Sie beklagte sich bei ihren Bekannten und Verwandten und verurteilte ihren Mann hinter seinem Rücken. Von der Freundin bekam sie den Rat, anstatt zu drohen und zu schimpfen, lieber konsequent zu handeln. Das tat Frau Scherz, indem sie sich eine Wohnung suchte und mit den Kindern aus der alten auszog. Sehr bald bemerkte sie die positiven Folgen ihrer Tat: Ihr Mann war entsetzt, weil er so etwas nicht erwartet hatte. Er flehte seine Frau an zurückzukehren. Er wollte sich ändern. Ein halbes Jahr später kehrten Mutter und Kinder zum Vater zurück. Er hatte seine Fehler eingesehen und trank nicht mehr. Vor seiner Frau hatte er seitdem großen Respekt, und das Familienleben verlief harmonisch.

Wir sollten uns nicht um jeden Preis an einen Menschen ketten und zulassen, daß er sich, uns und andere schädigt. Manchmal ist es notwendig, sich zu distanzieren und damit zu signalisieren, daß wir ein bestimmtes Verhalten nicht billigen. Wer sich dennoch an einen Menschen bis zur Selbst-

losigkeit bindet, der erntet oft Mißachtung und Geringschätzung. Ein gewisses Maß an Selbständigkeit und Unabhängigkeit dagegen verschafft einem Achtung und Respekt.

Einer Pflanze geben wir die Richtung mit Hilfe eines Stöckleins als Stütze, wenn sie nicht in die gewünschte Richtung wächst. Ähnlich müssen wir es auch mit Menschen machen, um deren negatives Verhalten zu ändern. Besonders bei Kindern ist Konsequenz eines der wichtigsten Mittel, um sie auf den richtigen Weg zu lenken. Es hilft dem Kind, Ordnung im Leben zu halten, und lehrt es, die gesteckten Grenzen zu akzeptieren. So werden viele Konflikte automatisch vermieden. Wichtig ist dabei folgendes:

Seien Sie bei aller Konsequenz niemals unfreundlich, herzlos oder nachtragend, entziehen Sie den Kindern niemals Ihre Liebe, bleiben Sie bei jeder Handlung ruhig und entschlossen. Ein festes Auftreten wird Ihnen Achtung verschaffen. Selbst wenn Ihr konsequentes Handeln bei Ihren Mitmenschen schmerzhafte Folgen haben kann – zum Beispiel Trennung vom Freund oder Partner –, müssen Sie im entscheidenden Moment konsequent bleiben.

Handeln Sie niemals aus negativen Beweggründen, bleiben Sie stets positiv. Ihr konsequentes Verhalten muß Ausdruck Ihres positiven Denkens sein, denn nur positive Eigenschaften wie Liebe, Güte, Toleranz und Humor verleihen Ihnen Autorität und Anziehungskraft. Drohungen, Strafen, Nörgeleien, Beschimpfungen, Schadenfreude und Revanche-Handlungen sind nicht nur bei Kindern unangebracht, weil sie nur negatives Verhalten fördern. Also vermeiden Sie Worte wie „Ich habe dich ja gewarnt, nun ist es passiert." – „Jahrelang habe ich das mitgemacht. Jetzt ist Schluß!" und „Mein ständiges Reden hat ja nichts genützt. Nun sieh zu, wie du alleine mit deinen Problemen zurechtkommst." Solche leeren Worte nehmen andere bald nicht mehr ernst.

„Wenn Sie das Verhalten anderer ändern wollen, dürfen Sie kein schwankendes Rohr im Winde sein. Sie müssen sich konsequent verhalten."[76]

Überall, am Arbeitsplatz oder in der Familie, können Sie durch konsequentes Handeln, das aus positiven Gründen hervorgeht, das Verhalten anderer Menschen zu Ihren Gunsten ändern.

Ratschläge:

■ Um sich diesen Grundsatz anzueignen, müssen Sie Ihr Leben neu überdenken. Beantworten Sie sich dazu die folgenden Fragen:
  – Was erwarte ich vom Leben?
  – Wie will ich mein Leben gestalten?
  – Mit wem will ich zusammensein, mit wem nicht?
  – Wer und was ärgert mich?
  – Was will ich verbessern?

■ Schreiben Sie sich die Antworten auf diese Fragen auf. Handeln Sie ruhig und fest danach, aber bleiben Sie stets positiv.

■ Haben Sie Kinder, dann stellen Sie mit ihnen gemeinsam Regeln für ein geordnetes Zusammenleben auf, und handeln Sie konsequent danach.

■ Klammern Sie sich nicht an andere. Entwickeln Sie Selbstvertrauen, indem Sie sich nicht selbst herabsetzen.

■ Stellen Sie sich vor, wie Sie konsequent handeln, wenn bestimmte Situationen es erfordern.

■ Seien Sie stets ein Vorbild!

---

[76] Ryborz, Heinz: Die Kunst zu überzeugen. Ariston Verlag, München. Seite 166

Verurteilen Sie niemanden

„Wer seinen Nächsten verurteilt, der kann sich irren. Wer ihm verzeiht, irrt nie."

(Erhard Freitag)

Ich habe viele Menschen andere verurteilen hören. Folgende Sätze möchte ich Ihnen als Beispiel nennen:

– „Ich wünschte, dieser Geizhals würde sein ganzes Geld verlieren."
– „Für deine bösen Taten hast du eine schwere Strafe verdient."
– „Dieser Mann hat seinen Tod wirklich verdient."

Die Menschen, die solche Sätze sagen, merken gar nicht, daß sie sich selbst damit schaden. Denn wenn man andere verurteilt, so verurteilt man sich auch selbst. Alles Negative kehrt zu uns zurück. Das geistige Gesetz lautet:

„Was Du säest, wirst Du ernten."

Wir sind keine Richter; und wenn sich ein Mensch Ihnen gegenüber negativ verhält, sollten Sie ihn weder verurteilen noch schlecht behandeln. Wer nach positiven Grundsätzen lebt, hat keinen Grund zum Verurteilen. Er versucht, Liebe, Toleranz, Friede und Verständnis weiterzugeben. Bevor Sie andere verurteilen und kritisieren, sollten Sie die Fehler zuerst bei sich selbst suchen. Denn Sie selbst möchten sicher auch trotz Ihrer Fehler verständnisvoll behandelt werden. Lernen Sie deshalb zu vergeben und an entsprechenden Stellen zu schweigen! Sie sind nicht verpflichtet, mit Menschen zusammenzusein, die Sie nicht verstehen. Wenn Sie die Lebenssituation mit einem unangenehmen Menschen zusammenbringt, sollten Sie einen Weg suchen, sich von ihm zu trennen; Sie dürfen ihn aber nicht verurteilen, sondern sollten ihm Gutes wünschen.

„Es gilt, jeden nach seiner Weltsicht gewähren zu lassen. Wo kein Richter ist, ist kein Leid. Hören Sie auf, gegen etwas zu sein, entschließen Sie sich, prinzipiell dafür zu sein! Jeder Gedanke, der gegen etwas ist, also kontra, muß seiner Natur nach verhindernd wirken.

Alles verzeihen heißt alles verstehen. Senden Sie den Mitmenschen, die Sie nicht verstehen, Ihre Liebe und Ihren guten Willen. Sie können die Welt verändern – aber nur, indem Sie sich selbst verändern."[77]

Ratschläge:

- Lernen Sie die Grundsätze der Konsequenz, des Humors, der Anpassung, des Schweigens, und wenden Sie sie an.
- Wenn Sie sich Ziele setzen, haben Sie für negative Gedanken keine Zeit mehr!
- Meditation verschafft Ihnen innere Ruhe und Distanz zu sich und der Welt.

---

[77] Freitag, Erhard: Hilfe aus dem Unbewußten. Goldmann Verlag, München. Seite 85

Seien Sie mutig

„Ob steil der Pfad, ob schwer die Pflicht, sage nie, das kann ich nicht."

„Zwischen Hochmut und Demut steht ein Drittes, dem das Leben gehört, und das ist einfach der Mut."

„Wer nicht wagt, der nicht gewinnt."

Warum haben wir oft keinen Mut? Weil wir kein Vertrauen zu uns selbst, zu unseren Fähigkeiten und Talenten haben. Und warum haben wir kein Vertrauen? Weil wir Angst haben zu versagen. Mangelndes Selbstvertrauen und Selbstwertgefühl sowie Angst und Furcht sind negative Impulse, die nach dem geistigen Gesetz zu Mißerfolg führen.

Als wir in Indien lebten, arbeitete mein Vater zuerst als kleiner kaufmännischer Angestellter in einer Firma, die nicht gut bezahlte. Aber sein Wunsch, mehr Geld zu verdienen, veranlaßte ihn dazu, sich um einen Posten im Ausland zu bewerben. Er wurde für zweieinhalb Jahre angenommen. Nach einem Jahr schon hatte er sich hochgearbeitet und die Leitung einer Filiale übernommen. Als er nach den zweieinhalb Jahren in die Heimat zurückkehrte, war er ein angesehener Mann. Bald danach wurde er von der Firma nach Deutschland geschickt, um dort als Geschäftsführer eine neue Niederlassung zu leiten. Er war für seinen Mut belohnt worden. Aber einige seiner Freunde, die auch gerne nach Europa wollten, hatten diesen Mut nicht und waren auch nicht so erfolgreich. Eine meiner Bekannten, die eine unglückliche Ehe führte, brachte den Mut auf, mit ihren beiden Kindern auszuziehen und ihren Mann zu verlassen. Sie unterzog sich außerdem einer zweijährigen Schulung, legte erfolgreich eine Prüfung ab und erzählte sicher und selbstbewußt, daß sie nun selbst Geld verdiene, mit einem Freund glücklich zusammenlebe und sehr zufrieden sei.

Als ich mich vor einigen Jahren bei der Volkshochschule als Kursleiterin bewarb, mußte ich zuvor alle meine Ängste vor dem Auftreten und Sprechen vor unbekannten Menschen überwinden. Aber für diesen Mut bin ich belohnt worden mit vielen Erfolgserlebnissen. Heute leite ich sogar mehrere Kurse.

Wir alle besitzen unterschiedliche Talente – offensichtliche und verborgene – wir alle haben schöpferische Fähigkeiten und Kräfte, die wir mit positiver Einstellung entfalten können. Wir sind stärker, als wir denken. Wir müssen nur lernen, gute, starke und mutige Gedanken zu pflegen und umzusetzen.

„Mut läßt sich also lernen. Sie müssen nur beginnen, in sich Gedanken des Mutes aufzubauen. Wenn Sie sich ganz diesen Gedanken und dem Gefühl des Mutes hingeben, dann löst sich die Angst auf. Der Mut bringt Sie dazu, das zu tun, wovor Sie sich fürchten. Mit Mut setzen Sie ihrer Angst ein Ende. Wer so handelt und erst einmal das getan hat, wovor er sich fürchtet, kommt zu dem Ergebnis: Es war ja gar nicht so schlimm, wie ich es mir immer ausmalte."[78]

Jeder von uns hat ein Unterbewußtsein. Es arbeitet und reagiert genauso, wie wir denken. Negative Gedanken, wie „Ich schaffe es nicht, ich habe Angst, ich tauge nichts", nimmt es genauso an wie positive, zum Beispiel „Ich habe Erfolg. Ich habe Glück. Ich erreiche alles, was ich mir vornehme." Entwickeln Sie Mut. Nutzen Sie Ihre phänomenale Geisteskraft, indem Sie Ihre Gedanken nur auf Erfolg lenken. Was Sie denken, stellen Sie sich auch vor, und was Sie sich vorstellen, wird sich in Ihrem Leben verwirklichen. Sie werden nur dann siegen, wenn Sie daran glauben, daß Sie es können.

Ratschläge:

■ Nutzen Sie Ihre Vorstellungskraft. Stellen Sie sich selbst als einen mutigen, erfolgreichen Menschen vor.

■ Setzen Sie sich Ziele. Fangen Sie an, diese Vorhaben zu verwirklichen. Sehen Sie im Geiste bereits, wie Sie diese erreicht haben.

■ Entmutigen Sie nicht Ihre Kinder mit Worten wie: „Das schaffst du nicht", sondern erziehen Sie sie mit einer positiven Einstellung, damit sie in Zukunft Erfolg haben.

---

[78] Ryborz, Heinz: Die Kunst, Ihr Leben zu meistern. Ariston Verlag, München.

Haben Sie Freude am Leben

„Wer wie ein Kind genießt den Tag,
hat keinen zu bereuen und kann sich,
was auch kommen mag,
auf etwas Neues freuen.

„Wer sich über alles freut,
hat keine Zeit zum Klagen,
Tausend Freuden hat die Welt,
nicht nur tausend Plagen.

Vielen Menschen fehlt Freude im Leben,
– weil sie keine Beziehung zu ihrer Arbeit
  haben;
– weil sie sich für nichts interessieren;
– weil sie kein gutes Verhältnis zu ihren
  Mitmenschen haben;
– weil sie nicht merken, wie wunderbar die
  Welt ist, in der wir leben;
– weil sie ihre schöpferischen Fähigkeiten
  nicht kennen und nicht entfalten oder
– weil sie sich negativ beeinflussen und
  sich ihre Freude am Leben rauben lassen.
„Wer Freude empfinden will, muß verstehen, sich der Wirklichkeit zu öffnen. Die Sonne hat nicht die Macht, in eine Blume einzudringen, wenn diese sich ihr nicht zuwendet und öffnet. Auch Sie müssen sich dem Leben öffnen, um mehr Sonnenschein zu empfangen. Um Freude zu empfinden, müssen Sie Ihren Blick auf die schönen Dinge des Lebens richten. Sie werden bald feststellen, wieviel Anlaß es zur Freude gibt. Die Freude, zu der Sie fähig sind, ist ein Maßstab dafür, wie sehr sie am Leben teilhaben und die Kunst zu leben beherrschen."[79]
Durch unser Denken bauen wir eine bestimmte Aura um uns herum auf. Es liegt an Ihnen, welche Ausstrahlung Sie selbst haben. Schaffen Sie eine Atmosphäre der guten Laune und Lebensfreude um sich herum, indem Sie heitere, optimistische Gedanken pflegen; Sie werden sehen, daß Ihnen alles mit Leichtigkeit gelingt. Denken

---

[79] Ryborz, Heinz: Die Kunst, Ihr Leben zu meistern. Ariston Verlag, München. Seite 182

Sie an besondere Momente der Freude in Ihrem früheren Leben zurück. Beachten Sie die Kleinigkeiten des Alltags, die man so leicht übersieht, zum Beispiel ein freundliches Wort von anderen, eine Blume am Wegesrand, ein lachendes Kindergesicht und den blauen Himmel. Wer an solch kleinen Dingen Freude verspürt, der ist ein wahrer Lebenskünstler. Wenn Sie jedoch pessimistische Gedanken pflegen wie „Alles wird schlechter, die Welt geht unter, überall ist Krieg" usw., dann sind Ihr Unglück und Mißerfolg quasi vorprogrammiert. Außerdem gehen auf diese Weise Ihre schöpferischen Talente zugrunde.

Herr Müller war einer derjenigen Menschen, die sich zu spät der kleinen Freuden in ihrem Leben bewußt wurden. Er mußte wegen Krankheit und Arbeitslosigkeit sein Haus verkaufen und in eine Etagenwohnung einziehen. Als er vier Wochen später den neuen Eigentümer besuchte, betrachtete er das Haus und sagte: „Ich wußte gar nicht, daß ich so ein großes Wohnzimmer hatte." Im Garten bewunderte er die von ihm eigenhändig gepflanzten Sträucher, und es war ihm, als erblickte er sie zum ersten Mal. Ihm wurde plötzlich klar, was er verloren hatte.

So ergeht es auch anderen Menschen. Sie gewöhnen sich an die Annehmlichkeiten und gehen freudlos an allem Schönen vorbei. Erst wenn sie alles verloren haben, werden sie sich nachträglich ihrer Freuden bewußt. Oft lernt man eben durch Leiden, aber lassen Sie es nicht so weit kommen! Eine besondere Quelle der Freude kann das Familienleben sein. Wenn aber Freudlosigkeit und negative Einstellungen herrschen, wird es zu einer unerträglichen seelischen Belastung. Ein Mensch kann in einer freudlosen Atmosphäre nicht gedeihen, was besonders Kinder betrifft, die ja alle Eigenschaften und Haltungen der Eltern übernehmen. In einer traurigen Familienatmosphäre entwickelt sich ein Kind negativ und strahlt diese Freudlosigkeit nach außen

aus. Die Folge ist, daß es von anderen abgelehnt wird, Streit bekommt und keine Freunde hat. Diese Frustration wird es wiederum in die Familie zurücktragen. Wir sollten deshalb alles tun, um die Familienatmosphäre positiv zu gestalten. Dazu gehören auch Aktivitäten wie Ausflüge, Spiele, Feiern usw.

Damit Freude und Harmonie in unserer Familie herrschen können, befolgen wir seit 2 Jahren den Rat von Rudolf Dreikurs und Vicki Stolz aus deren Buch, einen Familienrat zu bilden: „Der Familienrat ist eines der wichtigsten Mittel, um auf demokratische Weise mit schwierigen Problemen fertig zu werden. Er ist, wie der Name sagt, ein Zusammenkommen aller Mitglieder einer Familie, wobei Probleme besprochen und Lösungen gesucht werden."[80]

Seit wir einen Familienrat gebildet haben, sind Ordnung und Freude in unser Familienleben eingekehrt. Die ständigen Reibereien und Auseinandersetzungen gibt es nicht mehr. Da jeder gleichberechtigt behandelt wird, haben auch die Kinder Spaß an dieser Institution. Der Familienrat gestaltet sich auf folgende Weise: Alle Familienmitglieder setzen sich einmal wöchentlich zusammen und tragen nacheinander ihre Probleme vor, die dann gemeinsam gelöst werden. Dabei darf nicht nur diskutiert, sondern auch gestritten, kritisiert und auf den Tisch gehauen werden. Während der übrigen Zeit sollte dann möglichst nicht gemeckert, genörgelt oder Streit gesucht werden. Wem etwas nicht paßt, der muß seine Kritik bis zur nächsten Sitzung aufheben. Es ist auch gleichgültig, wie alt Ihr Kind ist. Denn ein Kind ist ein soziales Wesen, dessen Gedanken um das Problem kreisen: „Wie kann ich ein Teil der Familie werden?" Eine Familienratsitzung gibt ihm das Gefühl der Wichtigkeit und der Zusammengehörigkeit, weil die Probleme des einzel-

---

[80] Dreikurs, Rolf; Stoltz, Vicki: Kinder fordern uns heraus. Klett Verlag, Stuttgart. Seite 300

nen Probleme der ganzen Familie sind. „Zusammenarbeit in einer vierköpfigen Familie kann mit einem Wagen mit vier Rädern verglichen werden. Jedes Mitglied ist ein Rad, während das Zusammenleben der Familie der Wagen ist. Alle vier Räder müssen rollen, damit der Wagen sich bewegt. Bleibt ein Rad stehen, bewegt sich der ganze Wagen nur ruckweise oder wendet sich sogar von der gewünschten Richtung ab. Fällt ein Rad aus, kann sich der Wagen ohne Reparatur gar nicht bewegen. Jedes Rad ist ebenso wichtig wie das andere, und keines ist das wichtigste. Die Richtung des Wagens hängt von der Zusammenarbeit aller vier Räder ab. Wollte jedes Rad unabhängig sein, könnte sich der Wagen nicht bewegen und wäre nutzlos. Die Größe der Familie macht keinen Unterschied. Der Familienkörper des Wagens kann durch jede Zahl von Rädern unterstützt werden."[81] Wenn Sie Freude im Leben suchen, verbinden Sie sie nicht mit materiellen Werten. Viele Jahre hatte ich irrtümlich geglaubt, Materielles sei der Anlaß zur Freude, bis ich neue Erfahrungen sammelte. Viele Menschen glauben, Geld sei die Voraussetzung, damit Freude entsteht. So ist es aber nicht. Vielmehr muß die Freude zuerst da sein. Mit Freude zu leben, bedeutet auch mit Freude zu arbeiten.

Ganz gleich, ob Sie etwas spontan oder geplant handeln, seien Sie mit Freude dabei. Haben Sie sich die Gewohnheit angeeignet, werden Sie zum Lebenskünstler. Diese Freude des Gelingens übertragen Sie automatisch auf andere und ziehen sie damit an. Ich kann mich an die Freude erinnern, die ich verspürte, als ich nach und nach meine Ziele erreichte und mir alles gelang. Danach wußte ich, daß alle Reichtümer dieser Welt nichts bedeuten. Selbstverwirklichung und sich selbst zu einem besseren Menschen zu entfalten ist allein das Erstrebenswerte, da nur die inneren Werte bleiben. Niemand kann sie uns wegnehmen!

Ratschläge:

- Setzen Sie sich Ziele, und streben Sie diese an!
- Haben Sie Freude an den kleinen Dingen des Lebens.
- Gestalten Sie die Familienatmosphäre positiv.
- Schaffen Sie sich eine positive Beziehung zu Ihrer Arbeit, und zeigen Sie Interesse für Ihre Umwelt.
- Machen Sie Ihre Freude nicht von materiellen Dingen abhängig.
- Entfalten Sie Ihre Persönlichkeit, indem Sie die Grundsätze lernen.
- Um mehr Freude zu empfinden und auszustrahlen, müssen Sie sich Ihrer Vorstellungskraft bedienen. Stellen Sie sich in jeder Situation und zu jeder Zeit als einen gesunden, freundlichen, heiteren, glücklichen Menschen vor, der an allem Freude hat.

---

[81] Dreikurs, Rolf; Stoltz, Vicki: Kinder fordern uns heraus. Klett Verlag, Stuttgart. Seite 135

Tun Sie etwas für Ihren Körper – entspannen Sie sich

Gönnen Sie sich täglich 10 Minuten der Ruhe, und werden Sie sich bei der Entspannung Ihres Körpers bewußt. Die Worte von Heinz Körner klären uns über die Bedeutung unseres Körpers auf:

„Dreierlei ist in dir vereint. Es sind dies Körper, Geist und Seele. Sie bilden eine harmonische Einheit, und kein Teil soll über die anderen Teile herrschen. Weder Körper noch Geist, noch Seele kann ohne die anderen Teile gut und gesund sein. Und keiner dieser Teile soll vergessen werden, denn die anderen Teile werden daran krank. Für viele Menschen ist der Körper ein lästiges Übel und mit Schmutz und Sünde behaftet. Für andere dient er nur als nutzlose Hülle für den Geist, und sie geben nicht acht auf ihn. Und es gibt solche, die sehen den Körper in diesem Leben nur als Träger der Seele.

Alle jene haben nicht erkannt, daß Körper, Seele und Geist eine Einheit bilden. Sie lassen ihre Körper brachliegen wie ein fruchtbares Feld, das niemand bestellen will. Sie füllen ihre Körper mit künstlichen Stoffen und falscher Nahrung. Sie vergiften ihre Organe mit flüchtigen Genüssen. Sie bewegen ihre Glieder nicht, sondern schleppen sie mit sich herum. Ihre Körper sehen die Sonne nicht und spüren nicht den Wind. Sie alle pflegen ihre Besitztümer mehr als ihren Körper.

Die Freuden, die der Körper zu schenken vermag, werden verleugnet und mit Schmutz beworfen, damit niemand einem anderen das gebe, was der Körper zu geben hat und wonach er dürstet.

Die Hilferufe des gepeinigten Körpers werden mit Lärm übertönt und mit Giften unterdrückt. Und so wird der Körper bleich und aufgedunsen, schlaff und kraftlos. So hat er kranke Haut und schwächliches Fleisch. Solche Körper sind häßlich anzuschauen und bereiten keine Freude.

Verleugne deinen Körper nicht und verstecke ihn nicht, sondern erfreue dich an seiner wunderbaren Vielfalt und Schönheit.

Laß deinen Körper nicht verkommen, sondern fühle, was er dir zu sagen hat. Bewege deinen Körper, zeige ihm die Sonne und den Wind. Laß ihn frei atmen und frei leben, und du wirst sehen, daß er auch dir Freude bereiten wird.

Gib acht auf dein Essen und Trinken, und quäle deinen Körper nicht mit Giften, die Genuß versprechen und krank machen …

Und bedenke, daß der ganze Kosmos, seien es Sonne, Mond und Sterne oder sei es das kleinste Wesen in einer Wasserpfütze, ihren Rhythmus haben, damit das wunderbare Gefüge nicht durcheinander gerät. Höre auch du in der Stille auf den Rhythmus deines Körpers und zwänge ihm keinen anderen auf. Laß ihn zu seiner und zu deiner Freude Körper sein."[82]

Die meisten Menschen haben die natürliche Fähigkeit verloren, sich von jeglicher Art der Anspannung völlig zu lösen und sich zu entspannen. Sie erlauben es sich nicht, denn sie glauben fälschlich, es sei Faulenzerei. Das ist ein Irrtum! Denn unser Leben besteht aus einem rhythmischen Wechsel zwischen Anspannung und Entspannung in allen Bereichen unseres Daseins. Wenn Sie zum Beispiel eine Nacht nicht schlafen, geht es Ihnen vermutlich am nächsten Tag nicht besonders gut. Haben Sie viele schlaflose Nächte, werden Sie schwach und krank. Und wer tagelang seine Tätigkeiten nur im Sitzen ausübt, schadet seinem Körper; wer tagelang nur steht, ebenfalls. Wenn Sie immerzu nur arbeiten, werden Sie mürrisch, unzufrieden und aggressiv. Ständige Erholung bekommt einem aber genauso wenig. Wir müssen also ein Gleichgewicht zwischen Arbeit und Erholung finden, damit der Körper sich regenerieren und seine Widerstandskraft stärken kann. Wir sollten deswegen die tägliche Entspannung in unser Selbstentfaltungsprogramm einbauen.

Wir sind geneigt, unseren persönlichen Besitz mehr zu pflegen als unseren Körper. Oft betrachten wir ihn als lästiges Anhängsel, schenken ihm keine Beachtung und behandeln ihn so schlecht, daß schlaflose Nächte, Nervosität und Krankheit die Folge sind. Mein Sohn Marcel erlebte dies am eigenen Leib: Die Ferien hatten noch nicht begonnen, und die Kinder mußten zur Schule, obwohl das Wetter schön war. Sie bekamen jedoch häufig hitzefrei. Kaum von der Schule heimgekehrt, machte sich Marcel, die „Wasserratte", sofort ins Schwimmbad auf und blieb bis zum Abend dort. Er ging spät ins Bett und bekam zu wenig Schlaf, um morgens in der Schule fit zu sein. So ging das mehrere Tage. Er überforderte seinen Körper und gab ihm nicht die nötige Ruhe. Ich machte ihn darauf aufmerksam, aber vergebens. Da ich meine Kinder viele eigene Erfahrungen machen lasse, ließ ich ihn in Ruhe. Sechs Tage später lag er, unter Erschöpfungsfieber leidend, krank im Bett. Er konnte an den lang ersehnten Bundesjugendspielen, für die er wochenlang trainiert hatte, nicht teilnehmen und weinte sehr. Erst nach drei Tagen war das Fieber verschwunden. Seitdem achtet mein Sohn stets darauf, daß er rechtzeitig ins Bett kommt und ausgeruht ist.

Regelmäßige Entspannung hat folgende Auswirkung: Sie schöpfen neue Kräfte, erreichen Seelenfrieden und innere Ruhe, sehen die Welt mit anderen Augen, weil sich Ihr Wesen verändert, und Sie gewinnen mehr Selbstvertrauen, weil Ihre Ängste verschwinden; Ihr ganzes Leben wird zum Positiven beeinflußt. Entspannung ist die Vorstufe zur Meditation.

„Jede ungelöste Spannung des Körpers bedeutet eine Anstrengung ohne Ergebnis, einen inneren Kräfteverzehr, der vorzeitig müde und alt im Aussehen macht. Entspannung dagegen führt zu innerer Lockerung, zur Kräfteerneuerung, ja sogar zur Verjüngung. Der sich ängstigende und sich sorgende Mensch befindet sich in ständiger

82 Körner, Heinz: Johannes. Lucy Körner Verlag, Fellbach

Anspannung. Doch dabei bleibt es nicht. Als Folgen solcher Verkrampfung treten nicht selten Magengeschwüre, Schlafstörungen, Bluthochdruck, Herz- und Kreislauferkrankungen und Zuckerkrankheiten auf."[83]

Ich entspanne mich morgens, mittags und abends und meditiere auch dabei. Seit zwei Jahren mache ich das regelmäßig, und es gehört mittlerweile zu meinem täglichen Lebensrhythmus.

Es gibt viele Entspannungstechniken. Welche Technik man wählt, ist nicht wichtig. In erster Linie kommt es auf die Regelmäßigkeit an, denn nur regelmäßiges Üben führt zum Erfolg. Ich empfehle Ihnen, sich am Anfang täglich nur 10 Minuten Zeit für die Entspannung zu nehmen. Finden Sie selbst Ihre günstigste Zeit dafür heraus. Wichtig ist, daß Sie allein und ungestört bleiben.

Ratschläge

■ Damit Sie gleich mit der Entspannung anfangen können, gebe ich Ihnen hier die Anleitung einer einfachen Technik: Legen Sie sich rücklings auf den Boden oder auf das Bett. Schließen Sie die Augen und konzentrieren Sie sich auf Ihren Körper. Atmen Sie tief ein, so daß sich der Bauch wölbt. Atmen Sie langsam aus, und sagen Sie sich: „Ich bin vollkommen ruhig. Ich bin ganz entspannt. Mein gesamter Körper lockert sich."

Zuerst entspannen Sie Arme, Hände und Finger. Stellen Sie sich vor, daß diese Körperteile nach unten fallen, daß jede Zelle zu Boden fällt. Entspannen Sie die Finger einzeln. Dann entspannen Sie nacheinander Hals, Brust, Bauch, Becken, Beine – bis in die Zehen, schließlich das Gesicht. Jeder Körperteil, jede Zehe, jede Zelle ist jetzt entspannt, sogar die Fußsohlen. Bleiben Sie in diesem entspannten Zustand, und atmen Sie tief ein und aus.

Wenn Sie vier Wochen regelmäßig geübt haben, können Sie eine noch passendere Technik suchen. Sie werden überrascht sein, wie Sie nach und nach Ihren Körper kennenlernen und bewußter leben können. In kurzer Zeit erreichen Sie innere Ruhe.

■ Wenn Sie noch mehr für sich tun wollen, sollten Sie sich außer mit Entspannungstechniken auch mit autogenem Training und Meditation befassen.

---

[83] Ryborz, Heinz: Die Kunst, Ihr Leben zu meistern. Ariston Verlag, München. Seite 38

Autogenes Training und Meditation

„Stille ist der Garten der Meditation."

„Wir sind für unseren Beruf und mancherlei Aufgaben, die wir zu bewältigen haben, rein technisch gut vorbereitet. Was uns aber immer wieder zu schaffen macht, ist die mangelnde psychische Kondition. Ähnlich wie Schiffbrüchige scheitern wir oft aus Panik, Angst und Verzweiflung, weil die Psyche viel schneller aufgibt, als wir eine Sache tatsächlich aufgeben sollten …
Wer sich mit Hilfe des autogenen Trainings von seinen Sorgen und Problemen lösen kann, wird den Teufelskreis der modernen Leiden und Störungen durchbrechen. Er wird Erfolg haben."[84]

Bei der Technik des autogenen Trainings handelt es sich um Entspannung mit Selbstsuggestionen – wir reden uns quasi etwas ein. Das Erstaunliche ist, daß es wirkt. Unser Unterbewußtsein nimmt suggestive Sätze auf und realisiert sie.

„Diese Methode ist das wichtigste Instrument zur Verwirklichung Ihrer Lebensvorstellungen, von denen Sie immer träumten und die Sie nie realisieren konnten."[85]

Als ich mit dem autogenen Training anfing, übte ich zunächst nur unregelmäßig und konnte meine Gedanken schlecht beisammenhalten, aber schon nach vier Wochen war ich fähig, mich auf meinen Körper zu konzentrieren. Nach etwa drei Monaten mäßigen Übens hatte ich den ersten Erfolg: Das autogene Training verhalf mir als erstes dazu, das Rauchen aufzugeben. Ich sagte mir während der Entspannung im Geiste immerzu den Satz: „Das Rauchen ist mir völlig gleichgültig." Eines Tages, ganz unerwartet, zeigte sich der Erfolg. Ich wollte mir wie gewöhnlich eine Zigarette anstecken, aber irgend etwas hinderte mich daran. Ich kann nicht einmal be-

---

[84] Kirschner, Josef: Hilf dir selbst, sonst hilft dir keiner. Droemer Verlag, München. Seite 50

[85] Kirschner, Josef: Hilf dir selbst, sonst hilft dir keiner. Droemer Verlag, München.

schreiben, was es war. Jedenfalls legte ich die Zigarette weg und habe seitdem nie wieder geraucht.

Fasziniert von diesem Erfolg übte ich jetzt noch intensiver. Mit der Zeit verstärkte sich meine Konzentrationsfähigkeit, und mein Atem wurde immer tiefer und ruhiger. Mein nächstes Ziel war, mich vom Alkoholgenuß zu befreien. Zwei Monate lang sagte ich mir bei den Übungen: „Ich trinke keinen Alkohol – zu keiner Zeit. Alkohol ist mir völlig gleichgültig." Eines Tages war es dann soweit. Meine Abneigung gegen Alkohol war allmählich so sehr gewachsen, daß ich immer weniger und dann gar nichts mehr trank. Der Wein, den ich früher regelmäßig genoß, schmeckte mir nicht mehr. Dieser Erfolg gab mir noch mehr Auftrieb, hatte ich doch jahrelang vergeblich gegen das Laster des Rauchens und Trinkens angekämpft, und nun schaffte ich es durch Selbstsuggestion und Entspannungsübungen innerhalb weniger Monate! Nachdem ich das autogene Training erlernt hatte, befaßte ich mich mit der Meditation, die eine noch bessere Technik ist. Über sie heißt es:

„Nur wer aus solcher Kraftquelle und aus der höheren Wirklichkeit in sich selber zu schöpfen vermag, wird unabhängig von der Meinung anderer. Selbst tiefste Ängste lösen sich mit der Zeit dabei auf. Die Kräfte des Geistes, der Seele und des Körpers werden gestärkt. Jene Stille ist es auch, aus der alle genialen Erkenntnisse der Menschheit in Kunst, Religion und Wissenschaft geboren wurden."[86]

„In der Stille der Meditation bekommen wir Kontakt zu unserem inneren Selbst und reifen in der Erkenntnis des Gedankens, dem wir unsere Existenz zu verdanken haben."[87]

„Meditation führt den Menschen zur Ganzheit. Nachsinnen, bis man den Sinn findet. Es geht darum, sich selbst zu entdecken, seinen Schwerpunkt zu finden."[88]

Durch Meditation lernt der Mensch, sich loszulassen, und zugleich, sich selbst anzunehmen, wie er ist. Meditation führt zu einer besseren Kommunikation mit sich selbst und mit den anderen. Sie ist auch eine wesentliche Hilfe bei der Bewältigung des Alltags. Ein Mensch, der meditiert, wird bei hektischer Betriebsamkeit wieder Ruhe, Vertrauen und Gelassenheit erlangen, er gewinnt Durchhaltefähigkeit auch in Streßsituationen und wird Kraftreserven in sich entdecken, von denen er bisher nichts wußte. Meditation führt aus der Selbstentfremdung zur Selbsterfahrung und läßt uns die eigene, vielleicht verschüttete Kreativität entdecken.

Nicht zuletzt wird sich auf diesem Wege der Horizont weiten. Wir erfahren eine letzte Geborgenheit, die sich als Zuversicht und Gelassenheit auf unser Leben auswirkt. Daß sich solche Gelassenheit auch gesundheitlich niederschlägt, ist verständlich. Erwiesenermaßen nimmt die Konzentrationsfähigkeit zu, wird der Wille von der Haltung her stark und steigert sich die Leistungsfähigkeit, wie überhaupt ein Reifungsprozeß in Gang kommt, bei dem die ganze Persönlichkeit wächst.

Mit Hilfe der heutigen Technik läßt sich beweisen, daß eine regelmäßig ausgeführte Meditation den Zustand des Gehirns verändert. Die brachliegenden Zellen werden angeregt und gefördert. Die Tätigkeit aller Zellen im Körper wird verstärkt und die Reaktion auf Schwingungen vergrößert. Dadurch entwickelt sich die Sensibilität … Wenn durch das Meditieren der Verstand und das Gehirn zu größter Stille gebracht sind, werden die inneren Vorgänge, die Erfahrung mit eignen unbewußten Ebenen

[86] Ryborz, Heinz: Die Kunst, Ihr Leben zu meistern, Ariston Verlag, München. Seite 39

[87] Tepperwein, Kurt: Geistheilung durch sich selbst. Goldmann Verlag, München. Seite 206

[88] Boeckel, Johannes F.: Meditationspraxis. Goldmann Verlag, München. Seite 16

und Dimensionen vom Wachbewußtsein aufgenommen. Auf diese Art und Weise ändert sich unsere Gesundheit und unsere seelisch-geistige Aktivität."[89]

Was die Meditation nach vier Monaten regelmäßiger Praxis bei mir an positiven Wandlungen hervorrief, will ich Ihnen im folgenden beschreiben: Die ersten Veränderungen betrafen meine Wahrnehmung. Als Großstadtkind nahm ich Natur, Umwelt und Tiere eher unbewußt auf, die Eindrücke hinterließen keine tiefen Spuren. Seitdem ich jedoch meditiere, begann ich bewußt zu sehen, hören, riechen und zu schmecken. Plötzlich fielen mir Dinge auf, die ich sonst nie beachtet hatte: Ich hörte die Vögel zwitschern, erfreute mich an Blumen und Pflanzen, beobachtete die vorüberziehenden Wolken am Himmel, betrachtete Menschen – kurz, die Welt war plötzlich neu und ungeheuer interessant. Früher hatte ich keine Beziehung zu Tieren, jetzt empfand ich Liebe. Ich hatte Freude an meiner Arbeit, an meinen täglichen Pflichten und Aufgaben. Meine Gedanken wurden immer klarer, ich wußte, was ich wollte, und sah den Weg, den ich gehen wollte, sehr genau vor mir.

Durch die neue Lebensweise bekam ich auch Zugang zu meinen Talenten. Früher hatte ich geglaubt, keine zu besitzen und minder begabt zu sein, aber jetzt spürte ich, daß ich mir das alles nur eingeredet hatte. Es drängte mich, kreativ zu sein. Mir war egal, was andere sagen würden, ich tat das, was mein Inneres mir eingab. So lernte ich eine neue Fremdsprache und tat vieles mehr, wozu ich früher nicht den Mut hatte. Ich setzte mir Ziele und bemühte mich, diese zu erreichen, ohne an mir zu zweifeln. War ich früher nicht fähig, längere Zeit allein zu sein, weil ich nichts mit mir anzufangen wußte, wollte ich jetzt soviel Zeit wie nur möglich mit mir selbst verbringen.

Welch ein Glücksgefühl, nicht auf andere angewiesen zu sein! Wenn ich eine Zeitlang alleine gewesen bin und meinen Interessen nachgehen konnte, bin ich viel offener für meine Mitmenschen. Durch die Meditation kehrte große Ruhe in mich ein. Ich kenne keinen Streß, keine Hast und keine Nervosität mehr. Bei allem, was ich tue, bleibe ich ruhig und gelassen. Die Minderwertigkeitskomplexe und Hemmungen, die mich jahrelang gefesselt haben, sind verschwunden.

Ich habe auch viel mehr Kraft und Energie als früher. Meine „hellseherischen Fähigkeiten" haben sich entwickelt, so daß ich in der Lage bin, so manches künftige Ereignis vorauszusehen. Geborgenheit, Schönheit, Harmonie und Frieden – Zustände, die ich früher nie kannte – sind in mein Leben eingetreten. Ohne Meditation hätte ich diesen Zustand des Glücks nie erreicht. Meinen Freunden und Bekannten blieb es nicht verborgen, daß ich mich geändert habe. Viele Freunde erkannten mich nicht wieder und fragten mich verwundert, was mit mir geschehen sei.

Wollen auch Sie sich entwickeln, vom negativen Denken befreien und zu sich selbst finden, so ist Meditation unentbehrlich. Sie ist die bedeutendste Möglichkeit, unsere inneren Kräfte zu aktivieren, die Sinne zu erweitern und die schöpferischen Fähigkeiten zu entfalten. Sie ermöglicht uns, alle Handlungen und Ereignisse bewußter zu erleben und mit unseren Gedanken nicht mehr abzuschweifen, so daß wir an den interessanten Dingen und Problemen nicht vorbeigehen.

Wie das Wasser für unser Auge an Klarheit und Tiefe gewinnt, wenn kein Wind weht, so gewinnt auch unser Geist an Wahrheit und Tiefe durch die Meditation. Sie ist eine Reise nach innen und auch eine Reinigung von innen.

Damit Sie eine Vorstellung davon gewinnen, wie Meditation genau abläuft, werde ich beschreiben, wie ich es mache. Bis Sie

---

[89] Wallimann, Silvia: Lichtpunkt. Bauer Verlag, Freiburg, Seite 64

Ihren eigenen Weg gefunden haben, können Sie meine Methode übernehmen. Sie gleicht in gewissen Punkten der Entspannungstechnik, die ich im letzten Kapitel beschrieben habe.

Sie brauchen für die Meditation bequeme Kleidung, zwei Decken und einen ruhigen Raum ohne Störung. Legen Sie sich auf die eine Decke, und decken Sie sich mit der zweiten bis zum Hals zu. Schließen Sie die Augen. Richten Sie Ihre Aufmerksamkeit auf die Bewegung Ihres Atems. Beobachten Sie, wie er durch die Nasenlöcher ein- und ausströmt. Machen Sie lange tiefe Züge, und atmen Sie auch lange aus. Achten Sie darauf, daß Sie mit dem Bauch und nicht mit der Brust atmen. Je langsamer und tiefer Sie atmen, desto besser ist das Ergebnis. Wenn Sie bemerken, daß Sie ruhig geworden sind, beginnen Sie sich zu entspannen. Fangen Sie bei den Füßen an. Spannen Sie sich an, dann zählen Sie in Gedanken bis fünf und entspannen sich; bei dem Gedanken „Entspannen" müssen Sie die Spannung plötzlich loslassen. Entspannen Sie auf diese Weise alle ihre Körperteile. Richten Sie Ihre Aufmerksamkeit nacheinander auf Beine, Hüfte, Bauch, Arme, Schultern, Hals und Gesicht, bis Sie total entspannt sind. Danach konzentrieren Sie sich wieder auf Ihre Atmung. Beim Einatmen wölbt sich der Bauch heraus, beim Ausatmen geht er zurück. Bleiben Sie eine Zeitlang in diesem Zustand. Kommen störende Gedanken, versuchen Sie nicht, diese zu bekämpfen, sondern lassen Sie sie wie Wolken am Himmel vorbeiziehen. Danach kehren Sie mit Ihrer Aufmerksamkeit wieder zum Atmen zurück. Haben Sie immer noch Schwierigkeiten, sich zu konzentrieren, dann zählen Sie einfach Ihre Atemzüge bis zehn, und beginnen Sie dann

wieder bei eins. Wenn Sie ruhig werden, stellen Sie sich vor, wie mit jedem Einatmen Liebe, Frieden und Harmonie in Sie einkehren und wie mit jedem Ausatmen Unruhe, Ärger sowie Unfriede nach außen wandern.

Am Anfang wird Ihr Geist ständig umherschweifen, aber machen Sie sich keine Sorgen, denn das ist normal. Kehren Sie einfach immer wieder zum Atmen zurück. Lassen Sie alles los, waran sich der Geist klammert. Das Loslassen der Gedanken ist bereits Meditation.

Wenn Sie diese Übung einen Monat lang täglich 20 Minuten gemacht haben, dann werden Sie innere Veränderungen bei sich feststellen. Sie werden ruhiger, bewußter und freier. Finden Sie anschließend mit Hilfe von Büchern heraus, welche der vielen Meditationstechniken für Sie am besten geeignet ist.

Ratschläge

■ Der Tag hat 24 Stunden. Richten Sie es sich so ein, daß Sie 20 Minuten täglich meditieren und etwa 40 Minuten für persönliche Interessen beanspruchen. Teilen Sie sich Ihre Zeit entsprechend ein, und Sie erhalten für einen geringen Aufwand einen hohen Lohn! Denken Sie daran: Es geht um Ihre Freiheit, um Ihr Glück.

Viele Menschen behaupten, zum Beispiel beim Motorradfahren, Drachenfliegen oder im Urlaub frei zu sein. Aber das ist keine wirkliche Freiheit! Freiheit bedeutet vielmehr den Sieg über seine eigenen Ängste, Freiheit bedeutet Frieden.

Meditation führt uns dorthin – zu einer Freiheit, nach der jeder von uns sich sehnt.

Die Methode zum Erlernen der Grundsätze

Falls Sie schon angefangen haben, die in diesem Buch dargelegten Grundsätze im täglichen Leben anzuwenden, dann haben Sie sicher festgestellt, daß das nicht einfach ist. Um sich das positive Denken anzueignen, sind Geduld, Ausdauer, Fleiß und Konzentration vonnöten.

Obwohl meine Entwicklung so weit fortgeschritten ist, daß mir das positive Denken in Fleisch und Blut übergegangen ist, gibt es auch in meinem Leben unvermeidliche Höhen und Tiefen, Probleme und Konflikte, die all meine Kräfte fordern. Durch meine veränderte Einstellung jedoch betrachte ich Probleme als Freunde, weil sie zu neuen Erfahrungen und Erkenntnissen führen, diese wiederum zu neuen Selbsterkenntnissen, und Selbsterkenntnis bedeutet Wachstum zur Reife. – Das Leben ist einer Pendelbewegung vergleichbar:

„Leben ist Bewegung, Veränderung,
Umwandlung.
Stillstand ist Tod."

(Elisabeth Haich)

Es kommt im Leben nicht auf das Wissen an, sondern darauf, daß wir es anwenden. Wir haben im ersten Kapitel erfahren, wie wichtig es ist, die Gedanken zu ordnen. Vielleicht haben es manche von Ihnen schon gelernt. Wir wissen, was negative Gedanken bedeuten und wo sie uns hinführen. Jetzt wollen wir dieses theoretische Wissen in die Tat umsetzen. Theorie und Praxis gehören zusammen, aus der Praxis geht die Theorie hervor und umgekehrt. Eine Theorie nützt uns nichts, wenn wir sie nicht anwenden können. Erst die Taten zeigen, was ein Mensch kann, ob er ein Meister oder ein Dilettant ist.

„Es ist nicht genug zu wissen,
man muß es auch anwenden.
Es ist nicht genug zu wollen,
man muß es auch tun."

(Johann Wolfgang Goethe)

Wir beginnen damit, daß wir unsere Gedanken ordnen, schöpfen und pflegen. Wiederholtes Lesen der Grundsätze ist dazu unbedingt nötig. Wenn wir ständig die guten Gedanken vorziehen, befreien wir uns von den schlechten, negativen. Damit haben wir bereits einen wichtigen Schritt getan.

„Säe einen Gedanken, und Du wirst eine Tat ernten.
Säe eine Tat, und Du wirst eine Gewohnheit ernten.
Säe eine Gewohnheit, und Du wirst den Charakter ernten.
Säe einen Charakter, und Du lenkst das Schicksal."

Es braucht seine Zeit, sich zu verändern, denn wir lernen langsam. Als Kind lernten Sie das Alphabet, Lesen, Schreiben und Rechnen im Laufe von Jahren und steigerten sich von Jahr zu Jahr. Heute können Sie es „im Schlaf". Auch als Sie Autofahren lernten, mußten Sie sich anfangs sehr konzentrieren, um die verschiedenen Betätigungen von Lenkrad, Gaspedal, Kupplung und Bremse auszuführen. Heute machen Sie es nahezu unbewußt. Genauso ist es mit allen Dingen im Leben.
Ist es nicht wunderbar, daß das Leben uns immer wieder auf neue Wege führt? Ein Leben lang dürfen wir lernen!

„Weise Lebensführung gelingt keinem Menschen durch Zufall.
Man muß, solange man lebt, lernen, wie man leben soll."

(Seneca)

Um uns das positive Denken anzueignen, müssen wir zu Beginn sehr bewußt und konzentriert an uns arbeiten. Später, wenn wir dabeibleiben, wird es uns in Fleisch und Blut übergehen. Wie das Sonnenlicht, so ist auch die Gedankenkraft reine Energie. Wird das Licht durch eine Lupe konzentriert, kann es ein Feuer auslösen. Für das Erreichen unserer Ziele ist Konzentration unbedingt notwendig, denn zu Beginn gibt es die größten Widerstände.
Bevor ich Ihnen die Methode erkläre, muß ich Sie darauf hinweisen, daß Sie niemandem von Ihrem Vorhaben erzählen sollten. Arbeiten Sie regelmäßig an Ihrer Entwicklung, und zwar alleine, damit keiner Sie von Ihrem Weg abzubringen versucht.
Nach kurzer Zeit schon werden Sie bemerken, daß nicht nur Sie sich verändern, sondern auch Ihre unmittelbare Umwelt. Wenn Sie regelmäßig und konsequent arbeiten, ist Ihnen der Erfolg sicher, Ihre Freunde und Bekannten werden von selbst spüren, daß Sie sich gewandelt haben. Überraschen Sie sie.
Wer aus Bequemlichkeit versucht, die Grundsätze nur theoretisch zu erlernen, wird geringen Erfolg haben und viel Verwirrung bei sich und anderen hervorrufen. Wer sich verändern will, muß mit vollem Herzen an seiner Entwicklung arbeiten.
Haben Sie aber den Entschluß gefaßt, so wollen wir mit der Arbeit anfangen. Sie benötigen dazu ein Heft und einen Bleistift. Gehen Sie alle Kapitel noch einmal durch! Schreiben sie dabei auf, welche Grundsätze Sie nicht beherrschen, zum Beispiel
– sich nicht herabzusetzen,
– die Vergangenheit loszulassen,
– Humor zu zeigen,
– Kritik zu vermeiden bei anderen,
– sich von Angst zu befreien usw.
Nun wollen wir an jedem dieser Punkte arbeiten. Nehmen Sie Ihren ersten notierten Grundsatz und schlagen Sie das entsprechende Kapitel auf.
- Lesen Sie das Kapitel noch einmal intensiv durch.
- Denken Sie über das Gelesene nach, und ziehen Sie Rückschlüsse im Hinblick auf Ihr Leben.
- Prägen Sie sich alle Zitate ein.
- Schreiben Sie alle Sprichwörter und Weisheiten aus diesem Kapitel in ein Heft, und lernen Sie sie auswendig.

■ Handeln Sie nach den im Kapitel angegebenen Ratschlägen.

■ Sie können sich wichtige Textpassagen auch auf Kassette aufnehmen und sich so oft wie möglich vorspielen. Im entspannten Zustand – vor dem Schlafengehen und nach dem Aufstehen – ist die Wirkung am größten. Ein Walkman beispielsweise kann diesbezüglich gute Dienste leisten.

■ Vergessen Sie nicht, wie immer wieder betont, die Macht Ihrer Vorstellungskraft zu nutzen. Wenn Sie sie in die richtige Richtung lenken, werden Sie in Ihren Bemühungen Erfolg haben. Unser Vorstellungsvermögen ist unsere schöpferischste Kraft, sie leitet unser Unterbewußtsein. Und sind unsere Vorstellungen von guten Gedanken und von einer positiven Einstellung geprägt, dann werden wir Erfolg, Gesundheit und Glück erlangen.

■ Arbeiten Sie täglich ein bis zwei Stunden an den Grundsätzen. Lesen Sie immer wieder das entsprechende Kapitel, und verlieren Sie nie das Ziel aus den Augen. Stellen Sie sich vor, wie Sie sich in die von Ihnen gewünschte Richtung verändern.

■ Hören Sie nicht auf, an sich zu arbeiten, auch wenn Freunde und Bekannte diese Änderung wahrnehmen und Sie daraufhin ansprechen, gar tadeln.

■ Haben Sie das Gefühl, daß Sie einen Grundsatz verinnerlicht haben, nehmen Sie sich den nächsten vor. Wenden Sie dieselbe Technik erneut an, und zwar so lange, bis Sie Ihre Einstellung positiv verändert haben. Eignen Sie sich auf diese Weise nacheinander jeden Grundsatz an.

■ Arbeiten Sie nie gleichzeitig an zwei Kapiteln.

Ich habe etwa sechs Monate gebraucht, um alle Grundsätze zu erlernen, was nur durch regelmäßiges Üben möglich war. Das soll jedoch kein Maßstab sein, jeder wird eine andere Zeitspanne benötigen.

Ihr neues Leben wird neue Probleme, neue Prüfungen mit sich bringen, aber mit Hilfe des positiven Denkens bewältigen Sie diese sehr viel leichter als früher.

Für mich war es ein ganz großer Schritt im Leben, das positive Denken erlernt zu haben. Ich genieße seitdem Respekt und Bewunderung von meinen Mitmenschen. Gleichzeitig fühle ich mich verpflichtet, das, was mir geholfen hat, weiterzugeben und anderen zu helfen. Und daß ich dies tun kann durch mein Buch, ist für mich eine große Erfüllung.

Der Mensch wird zum Menschen geformt

Haben Sie einmal etwas von den „wilden Kindern" gehört? Das sind Menschen, die auf irgendeine Weise im Wald unter Tieren groß wurden, außerhalb der menschlichen Gesellschaft. Diese Kinder haben nichts Menschliches an sich, sie benehmen sich genauso wie die Tiere, von denen sie großgezogen werden, laufen zum Beispiel auf allen vieren und verständigen sich mit Hilfe unartikulierter tierischer Laute, die kein Mensch versteht. Sie können nicht lachen, nicht sprechen und folgen nur ihren Instinkten. Das Denken ist bei ihnen kaum entwickelt. Man hat versucht, solche „wilden Kinder" zu Menschen zu erziehen, aber der Erfolg war gering. Nach dem zehnten Lebensjahr lernen sie weder richtig sprechen noch das übliche soziale Verhalten und bleiben bis zum Lebensende halb Mensch, halb Tier.

Die wilden Kinder zeigen, daß man nicht zum Menschsein geboren, sondern dazu geformt wird, und zwar vorwiegend in den ersten Lebensjahren, wenn wir durch die Hilfe unserer Bezugspersonen und Mitmenschen denken und sprechen lernen.

Das heißt aber nicht, daß wir nach den ersten Jahren schon vollkommene Menschen sind, die nichts mehr zu lernen brauchen. Nein, lernen müssen wir ein Leben lang, und zu einem besseren Menschen können wir uns nur dann entwickeln, wenn wir einsehen, was der tiefere Sinn dieses Erdenlebens ist.

Die Welt als ganzes verändern zu wollen ist ein illusorisches Unternehmen. Meist sind diese Versuche fehlgeschlagen, ja schlimmer noch, sie führten zu Blutvergießen und Massenmord. Der Sinn des Lebens ist es, daß jeder einzelne von uns lernt und sich weiterentwickelt. Diese Arbeit an uns selbst dauert bis zum Tode. Manche Menschen erkennen erst in der Mitte des Lebens, daß es aus einem Reifeprozeß besteht, andere Menschen erkennen dies nie und sterben auf dem gleichen geistig-seelischen Niveau, mit dem sie geboren wurden.

Die Erfahrung zeigt leider, daß wir Menschen meist sehr spät die Einsicht gewinnen, uns entwickeln zu müssen – aber besser spät als nie! Oft zwingt uns das Leben zur Einsicht, indem es uns Schmerz und Leid auferlegt. Eine Krankheit, der Verlust eines geliebten Menschen oder ungewöhnliche Krisen und Prüfungen sind Anlaß, umzudenken und neue Wege zu suchen, die uns Schutz bieten vor solchen Katastrophen. Schutz aber werden wir nicht dadurch finden, daß wir die Umstände oder Menschen ändern, sondern nur dadurch, daß wir uns selbst wandeln. Befreien wir uns von negativem Denken, so steht uns der Weg zu Gesundheit, Wohlstand und Erfolg offen!

Wie man ein glücklicher Mensch wird, ist erlernbar. Auch hier gilt der Satz, der auf jedem Gebiet zum Erfolg führt: „Übung macht den Meister." Wir müssen die Grundsätze lernen und danach handeln – eine bessere Lernmethode gibt es nicht! Dafür genügt aber nicht die Aneignung irgendwelcher Grundsätze, sondern es müssen alle erlernt werden. Beachten wir auch nur einen Grundsatz nicht, dann kann unsere Entwicklung nicht vollständig stattfinden, und wir müssen mit Schwierigkeiten rechnen, die uns zurückwerfen. Verhalten wir uns negativ, werden wir auch Negativem begegnen.

Kreisläufe und Polaritäten

„Wie man in den Wald hineinruft, so schallt es heraus."

Dieses Sprichwort beschreibt im Grunde einen Kreislauf. Konkret könnte das so aussehen: Sie sind unfreundlich zu Ihrem Partner. Er ist verärgert und kritisiert Sie. Er ist verletzt und hat schlechte Laune, Sie auch. Die Kinder merken, daß es Unstimmigkeiten zwischen den Eltern gibt, und leiden darunter. Gehört diese Disharmonie zum Alltag, kann sich das sehr zum Nachteil aller Beteiligten auswirken. Die Kinder nehmen ihren Mißmut mit in die Schule, der Partner läßt seine schlechte Laune an seinen Untergebenen und Kollegen aus, die Leistungen sinken. Da die meisten Menschen ungern mit schlechtgestimmten Mitmenschen zu tun haben, verschlechtert sich das Verhältnis Ihrer Kinder zu den Mitschülern und das Verhältnis Ihres Partners zu den Kollegen.

So wird die üble Laune verstärkt nach Hause getragen, und Sie selbst bekommen sie zu spüren, was Sie wiederum böse und verärgert stimmt. Darauf geht alles wieder in gesteigerter Form von vorn los – so schließt sich der Kreis. Alle leiden, und keiner hat Erfolg. Auf die Dauer werden die Familienmitglieder entmutigt, ja sogar seelisch geschädigt, besonders Kinder. Das macht sich körperlich in Form von Krankheiten bemerkbar. Ärger, schlechte Laune, Neid, Eifersucht, alle negativen Gefühle setzen die Widerstandskraft herab und schwächen. Dies ist ein negativer Kreislauf.

Sorgen Sie also in erster Linie für eine gute Familienatmosphäre. Das ist der Grundstein für einen positiven Lebenslauf: Seien Sie freundlich zu Ihrem Partner, und er ist freundlich zu Ihnen. Sie haben gute Laune, er auch. Die Kinder spüren dies und haben ebenfalls gute Laune. Alle tragen ihre Freude in die Außenwelt und wirken anziehend auf andere und haben mehr Erfolg. Dies ist ein positiver Kreislauf.

Jeder Mensch, jedes Lebewesen, jeder Gegenstand sind nur Stückwerk, Teil eines Ganzen; alle Teile beschreiben Kreisläufe. Es gibt viele unterschiedliche Kreisläufe, denken Sie zum Beispiel an den Wasser-, den Blut- und den Geldkreislauf. Denken Sie auch an die Kreisläufe im Kosmos: Der Mond dreht sich um die Erde, die Erde um die Sonne, die Sonne dreht sich innerhalb der Milchstraße, und diese wiederum bewegt sich kreisend durch den Kosmos. Die Welt übt eine überwältigende Faszination auf mich aus, seit ich diese Dinge klar erkannt habe. Wo man hinschaut, herrscht absolute Ordnung; irgendeinen Plan scheint es von Anfang an gegeben zu haben. Nicht nur Kreisläufe sind Zeichen für diese Ordnung, sondern auch das Gleichgewicht, das sich immer wieder einstellt, nachdem es Unordnung gegeben hat. „Polarität oder Aktion und Reaktion sehen wir überall in der Natur, in Dunkelheit und Licht, in Hitze und Kälte; in der Ebbe und Flut; im Männlichen und Weiblichen, im Ein- und Ausatmen der Pflanzen und Tiere; im Rhythmus des Blutes, der Ströme und der Töne; in den zentrifugalen und zentripetalen Kräften; in der Elektrizität, den galvanischen Strömen und der chemischen Affinität. Sobald das eine Ende einer Nadel magnetisiert wird, entsteht im anderen Ende die entgegengesetzte Kraft. Wenn der Südpol anzieht, stößt der Nordpol ab. Alles in der Natur ist geteilt, so daß jedes Ding eine Hälfte ist, die durch ein anderes ergänzt werden muß: Geist und Materie, Mann und Frau, subjektiv und objektiv, innen und außen, oben und unten, Bewegung und Ruhe, ja und nein … usw. Während die Welt also auf diese Weise geteilt ist, hat auch jeder Teil zwei Pole. Das ganze System der Dinge ist in jedem Teil repräsentiert. In jedem Lebewesen erinnert uns etwas an die Ebbe und Flut des Meeres, an den Tag und die Nacht, an Mann und Frau."[90]

Gedanken sind Worte, und Worte sind Taten. Jede Tat ist eine Aktion, die bei dem anderen eine Reaktion hervorruft. Positive Aktionen erwirken positive Reaktionen, die uns zu Erfolg, Gesundheit und Wohlstand führen. Negative Aktionen rufen negative Reaktionen hervor, diese führen zu Krankheit, Mißerfolg und Armut.

Unsere Aufgabe

Diese Welt ist vollkommen, gerade weil sie aus Gutem und Bösem besteht; sie kann nur in dieser Polarität existieren. Jedes Lebewesen, jeder Mensch kommt vollkommen zur Welt. Unvollkommen sind nur unsere Gedanken. Sicher gibt es Böses auf der Welt, und wir könnten, wenn wir wollten und undankbar wären, ein Klagelied darüber singen; aber wenn wir unsere Einstellung ändern, werden wir das Böse nicht mehr als Böses betrachten, denn einem positiv gesinnten Menschen kann es nichts anhaben. Es stellt eine Schwierigkeit dar, die es zu überwinden gilt. Nur durch die positive Auseinandersetzung mit Problemen wachsen und reifen wir.

Wir sind vielen Einflüssen ausgesetzt. Sie und vor allem unsere Einstellung zu ihnen haben uns zu dem gemacht, was wir sind. Daß alle Einflüsse, auch die negativen, für unsere Entwicklung nützlich sind, dazu verhilft uns das positive Denken.

Wenn jeder bei sich selbst anfängt und es schafft, sich und seinen Nächsten glücklich zu machen, dann haben wir eine Menge zur Weltverbesserung getan.

„Wir alle sind wie Lichter
In diese Welt gestellt.
Ein kleines Licht für jeden,
wie hell wäre dann die Welt."

---

[90] Markert, Christopher: Yin Yang. Goldmann Verlag, München. Seite 1

Literaturliste

Boeckel, Johannes F.: Meditationspraxis. Goldmann Verlag, München

Carnegie, Dale: Sorge dich nicht, lebe! Scherz Verlag, München

Carnegie, Dale: Wie man Freunde gewinnt. Scherz Verlag, München

Carnegie, Dorothy: Das Leben meistern. Verlag Lebendiges Wort, Pohlheim-Dorf Güll

Dreikurs, Rolf; Stoltz, Vicki: Kinder fordern uns heraus. Klett Verlag, Stuttgart

Freitag, Erhard: Hilfe aus dem Unbewußtem. Goldmann Verlag, München

Heigl-Evers, Anneliese; Heigl, Franz: Gelten und Geltenlassen in der Ehe. Fischer Verlag, Frankfurt

Hull, Raymond: Alles ist erreichbar. Rowohlt Verlag, Reinbek

Kirschner, Josef: Hilf dir selbst, sonst hilft dir keiner. Droemer Verlag, München

Körner, Heinz: Johannes. Lucy Körner Verlag, Fellbach

Lauster, Peter: Die Liebe. Econ Verlag, Düsseldorf

Markert, Christopher: Yin Yang. Goldmann Verlag, München

Murphy, Joseph: Die unendliche Quelle Ihrer Kraft. Ariston Verlag, München

Murphy, Joseph: Leben in Harmonie. Goldmann Verlag, München

Norvell, Anthony: Sei erfolgreich und wohlhabend. Goldmann Verlag, München

Ryborz, Heinz: Die Kunst, Ihr Leben zu meistern. Ariston Verlag, München

Ryborz, Heinz: Die Kunst zu überzeugen. Ariston Verlag, München

Schindler, John A.: Die Heilkraft des seelischen Gleichgewichts. Biederstein Verlag, München

Stevens, Peter H.: Es gibt immer einen Ausweg. Moderne Verlagsgesellschaft, München

Tepperwein, Kurt: Geistheilung durch sich selbst. Goldmann Verlag, München

Wallimann, Silvia: Lichtpunkt. Bauer Verlag, Freiburg.

Register

135